Carl Ludwig Kayser

Homerische Abhandlungen

Carl Ludwig Kayser

Homerische Abhandlungen

ISBN/EAN: 9783744621984

Hergestellt in Europa, USA, Kanada, Australien, Japan

Cover: Foto ©Thomas Meinert / pixelio.de

Weitere Bücher finden Sie auf **www.hansebooks.com**

K. L. KAYSER'S

HOMERISCHE ABHANDLUNGEN

HERAUSGEGEBEN

VON

HERMANN USENER

LEIPZIG

DRUCK UND VERLAG VON B. G. TEUBNER

1881

In Karl Ludwig Kaysers ungemein vielseitiger thätigkeit sind mir nach dem werke seines lebens, dem Philostratos
seine verdienste um die erforschung der Homerischen gedichte immer als besonders erheblich erschienen. Es sind
zwei anspruchslose abhandlungen von nur wenigen blättern
und in knappster form, mit welchen Kayser auf den be-
wegten kampfplatz Homerischer controversen trat. Die zweite,
reifere und wichtigere erschien ungefähr gleichzeitig mit dem
zweiten theil von Lachmanns betrachtungen. In dem getöse
des streits der 'einheitshirten' und 'kleinliederjäger' verklang
die stimme eines mannes, der abseits von den kampfparteien
des tags seinen eignen weg gegangen war und beobachtungen
bleibenden werthes vortrug, die weder den verfechtern der
vielheit Homerischer dichter noch denen der einheit genehm
waren. Erst später hat Hermann Koechly, der erfolgreichen
gebrauch von Kaysers untersuchungsweise gemacht hat, an-
erkennende worte für ihn, freilich mehr für einzelne ergebnisse als für die methode selbst. So konnte es geschehn,
dass diese arbeiten fast unbemerkt blieben.

Seit ich ihren werth zu beurtheilen verstand, war es mir
ein anliegen sie durch einen neuen abdruck zugänglicher gemacht und zur anerkennung gebracht zu sehen. Der jähe
tod meines lehrers und freunds musste mich in diesem wunsch
bestärken. Doch bedurfte nun der plan einer erweiterung.
Es musste von Kaysers Homerarbeiten, gedruckten und un-
gedruckten, zusammengestellt werden, was alles entweder noch
heute der beachtung werth oder auch von seiner gesammt-
ansicht über die entstehung der Homerischen gesänge ein
deutlicheres bild zu geben geeignet war. Diese auswahl
mit peinlicher prüfung vorzunehmen war eine pflicht ebenso
gegenüber dem verstorbenen wie gegenüber den zeitgenossen.

a*

Eine reihe von recensionen, die Homer, besonders die gelehrten leistungen des alterthums betreffen, musste bei seite
gelegt werden, weil vorwiegend referierend gehalten und auf
damaliges bedürfniss berechnet; einzelne kritische bemerkungen
mag der künftige bearbeiter an ihrem orte aufsuchen. Die
besprechung von Gepperts buch [rec. n. 57] würde wiederholungen ergeben haben: ich konnte mich darauf beschränken,
einzelne stellen derselben zur ergänzung in den noten beizu-
bringen. Dagegen musste der kern der recension von Hoffmanns *quaestiones Homericae* hervorgezogen werden, der noch
heute oder vielmehr grade heute zeitgemäss ist.

Die durchmusterung des nachlasses wurde mir von der
wittwe frau Sophie Kayser geb. Hilger auf das freundlichste
verstattet und wesentlich erleichtert sowohl durch ihre sach-
kenntniss, als durch chronologische übersichten über Kaysers
studien, die sie nach den tagebüchern zusammengestellt hatte.
Auch nachher, als Kaysers papiere in den besitz der grossh.
Badischen hof- und landesbibliothek zu Carlsruhe übergegangen waren, ist mir die ungehinderte benutzung derselben
in liberalster und nachsichtigster weise von herrn oberbibliothekar prof. Brambach gewährt worden.

Von den sauberen bändchen[1], in die jetzt der schriftliche nachlass K.'s vertheilt ist, konnten folgende in betracht
kommen:

1) *Commentar zur Ilias*: den text begleitende notizen,
   bei einer frühen durcharbeitung des gedichts, ohne
   zweifel im jan. und febr. 1832 niedergeschrieben (vgl.
   unten s. XII). 113 seiten 4⁰.

2) *Commentar zur Odyssee* in gleicher weise angelegt, auch
   mit derselben schrift und auf ähnlichem papier, also
   in der zeit vom 26 febr. bis 19 märz 1832 entworfen;
   aber mit einlagen von etwas jüngerem datum (wie
   bl. 1 f. 22 f.). 48 blätter 4⁰.

3) *Commentar zu den grösseren Homerischen hymnen* genau
   so wie die beiden vorhergehenden nummern, also aus
   dem letzten drittel des märz 1832. Im ganzen 45

---

1 Leider sind sie noch nicht durch nummern gekennzeichnet.

blätter 4°. Doch gehören jener frühesten entstehungs-
zeit von dem vorliegenden bändchen nur bl. 1—13.
20—28. 31. 44 f. an; bl. 32—38. 14—19. 43 (denn
der zusammenhang ist durch den binder gestört) und
bl. 39—42 enthalten eine ausführlichere bearbeitung
der beiden Apollonhymnen aus dem april 1833 (zu
bl. 43 sind eine anzahl notizenzettel gestellt), bl. 30
ist leer, endlich bl. 29 und ein vorgesetztes nicht ein-
gezähltes gehören jüngerer zeit an.

4) *Geschichte der epischen poesie* 63 blätter in gross 8°.
Inhalt: a) einleitung zu einer exegetischen Homer-
vorlesung, mit welcher geschichte der griechischen
grammatiker verbunden werden sollte, herbst 1840
geschrieben, bl. 1—4; b) entwurf einer für den druck
bestimmten (vgl. bl. 8ᵛ) 'geschichte der griechischen
poesie', Homer (aber hier nur äussere geschichte), die
kyklischen epen mit einschluss der späten nachfolger,
die hymnen und Hesiodos umfassend, begonnen am
31 oct. 1841, bl. 5—16. 45—60; c) zweite ausarbeitung, auf das Homerische epos beschränkt, aus dem
januar 1843, bl. 25—44. 17—20 (abgedruckt s. 1 ff.);
d) zwei notizblätter bl. 61 f. mit der s. 13 anm. abge-
druckten bemerkung und auszügen aus Naeke Opusc. I
263 ff., und schluss einer einleitung zu seminarübungen
über die Theogonie bl. 63.

5) *Zur griechischen poesie* 69 blätter in klein folio, 4°
und 8°. Den hauptinhalt bildet ein heft für vorlesungen
über 'geschichte der epischen poesie bei den Griechen',
wohl aus dem januar 1842, mit zahlreichen nach-
trägen, bl. 1—12, und eine genauer auf die sagenstoffe
eingehende übersicht über die kyklischen epen in
doppelter fassung, die erste mit der nicht ganz zu-
treffenden überschrift 'Inhalt der cyklischen epopöen
nach Proklus chrestomathie' bl. 22—33 (troischer und
thebanischer kreis, zum schlusse kurz Οἰχαλίας ἄλωσις
und Μινυάς), die zweite auf den troischen und the-
banischen kreis beschränkt bl. 33—41. 46—49. 42—45,
beide wahrscheinlich aus den j. 1849—1851. Dazu

kommen dann verschiedene reste von früheren aufzeichnungen für vorlesungen wie bl. 20 f. 52—55 über kyklische epen, 13—16 einleitung zu einer vorl. über griechische lyriker, 17—19 über Hesiodische dichtung, 50 f. über Homerische hymnen, 57—59 anfang eines entwurfs zur recension von Welckers epischem cyklus b. II, und notizen.

6) *Zu Homer* sammlung von Homerpapieren aller art, meist frühen datums, 98 blätter 4⁰ (viele darunter sind kleineren formats). Bemerkenswerth der kurze aufsatz über Ilias *H Θ K* (abgedruckt s. 79 ff.) bl. 19. 22. 20. 21, und die recension von Nitzsch' anmerkungen zur Odyssee bd. II aus dem mai und juni 1833, welche in doppeltem entwurf vorliegt, bl. 88—91. 86. 87 und (diese umarbeitung ist nicht bis ganz zu ende geführt) 30—35. Daneben excerpte aus neuerer Homerlitteratur (ich erwähne eine erörterung über die Peisistratische redaction bl. 1—3), stücke von entwürfen zu gedruckten arbeiten, und fragmentarische aufzeichnungen. Von den letzteren hebe ich hervor die ersten anläufe zur erfassung des wesens Homerischer poesie aus dem october 1831, bl. 40—42 ('Homers poesie. § 1 wahrheit. § 2 liebe') und die dazu gehörigen concepte bl. 92—98; dann eine spätere erörterung über die Peisistratische redaction bl. 1—3 (vgl. s. 26 anm. 2).

Weiteres hat sich in dem nachlass, den ich schon im herbst 1873 im hause des verewigten durchsah, nicht vorgefunden; vergeblich habe ich nach einem starken bündel sammlungen und beobachtungen über sprachgebrauch und versbau der Homerischen gesänge gesucht, das ich mich erinnere in der zeit, als ich schüler Kaysers war, gesehen zu haben. Dass ich aus dem gegebenen handschriftlichen material so weniges ausgehoben, war durch die beschaffenheit desselben bedingt. Die mehrzahl der blätter enthält aufzeichnungen zur eignen belehrung, vorstadien selbständiger forschung, oder stücke von heften für akademische vorträge. Der in n. 6 bl. 40 ff. erhaltene aufsatz über 'Homers poesie' hat gewiss nicht ge-

ringes persönliches interesse als erster versuch des jugendlichen verfassers, nach allgemeinen sittlichen kategorien sich
die eigenthümlichkeit der dichtung klar zu machen; aber ob-
wohl er mit der absicht der veröffentlichung (s. unten s. XXVII)
niedergeschrieben worden, war K. doch so bald aus diesen
kinderschuhen herausgewachsen, dass er ihn unvollendet liegen
liess; er hat ihn aufbewahrt, wie man reliquien jugendlicher
schwärmerei aufhebt. Einen abdruck würde die sorgfältig
geschriebene recension von Nitzsch' anmerkungen zur Odyssee
(in n. 6) verlangt haben, wenn nicht die darin niedergelegten
ergebnisse der Odysseestudien aus den j. 1832 und 1833 ihre
fertige gestalt in der *disputatio* von 1835 (s. 27 ff.) erhalten
hätten; dass sie ihrer zeit nicht veröffentlicht wurde, glaube
ich ebenso aus dem unvollendeten abbrechen des zweiten
entwurfs wie aus dem inhalt der eben genannten schrift
schliessen zu dürfen. So blieb nur die skizze einer geschichte
des Homerischen epos übrig (s. 1 ff.), die reifste und von dem
verf. selbst für den druck ausgearbeitete darstellung, die
schon darum nicht fehlen durfte, weil aus ihr allein ein zu-
sammenhängender überblick über Kaysers ansichten sich gewinnen lässt; sie vermag aber auch an sich zu fesseln, besonders durch die fein erwogene charakteristik der einzelnen
schichten und dichter, die K. unterschied. Abgesehen von
einzelnen stellen, die ich gelegentlich in den anmerkungen
ausgehoben, habe ich ausserdem nur die kurze erörterung
über Ilias *H Θ K* (s. 79 ff.) aufgenommen, weil sie den sicheren
gang, den K.'s forschung nahm, vor augen stellt; nach schrift
und papier gehört sie früher zeit an, vermuthlich[1] dem
j. 1832, sie gibt also die grundlage, von der aus K. zu einem
seiner wichtigsten resultate in der schrift von 1842 gelangte.

Karl Ludwig Kayser[2], zu Heidelberg geboren am
3 februar 1808 und gestorben am 5 mai 1872, war als
philologe schüler ausschliesslich Friedrich Creuzers, dem er

---

1 S. unten s. XII.

2 Einen überblick über K.'s leben gab [Le]fm[an] in der Augs-
burger allgem. zeitung, beilage vom 2 juni 1872 und K. B. Stark in
den Heidelberger jahrbüchern 1872 n. 26 f. s. 401—422.

schon durch die beziehungen des elterlichen hauses näher
gestellt war und dauernd pietätsvolle anhänglichkeit bewahrte.[1] Als er nach der beendigung seiner universitätsstudien, denen die promotion (20 dec. 1830) und die danach
gedruckte dissertation über Philostratos (1831) würdigen abschluss gegeben, ein planmässiges studium der griechischen
poesie begann und mit Homeros anhob, war es ein nach
Creuzers vorlesungen über griechische poesie geschriebenes
heft, an das er sich zunächst hielt um in die 'verfassung der
epopoeen' einzudringen.[2] In der that begegnet man in den
aufzeichnungen der nächsten jahre dem einflusse Creuzers
allenthalben, besonders in dem heft über die Hom. hymnen
(n. 3), auch in den bemerkungen zur Odyssee (n. 2), wo er
über Athene und über die episode von Ares und Aphrodites
buhlschaft philosophiert (bl. 2. 22 f.): noch in der hier zum
abdruck gebrachten abhandlung aus dem j. 1843 erkennt
man leicht s. 3 f. die spur des symbolikers.

Eine grössere verschiedenheit der geistigen beanla-
gung und richtung als sie zwischen lehrer und schüler bestand lässt sich kaum denken. Man sollte meinen, die zu
verstandesmässiger analyse angelegte natur Kaysers hätte die
mystische nebelei und die unklaren philosopheme Creuzers
als unverdauliche speise ablehnen und in der rationalistischen
geschichtsauffassung Friedrich Christoph Schlossers den form-
gebenden gährungsstoff finden müssen, dessen der jugendliche

---

1 Brief K.'s an Spengel vom 4 märz 1842: 'Creuzer besuche ich
am häufigsten; aber hier machen 40 jahre einen grossen unterschied.
Was er an mir gethan hat, lässt sich kaum in worte fassen, und die
pietät, die ich für ihn hege, ist wie die für einen vater'.

2 Über den gang von K.'s Homerstudien gibt das wissenschaftliche
tagebuch, das K. vom 22 juni 1831 bis unmittelbar vor sein ende (es
schliesst mit dem 1 mai 1872) führte, detaillierten urkundlichen aufschluss. Nicht nur um die belege für die zeitausetzung einzelner stücke
des handschriftlichen nachlasses und für den obigen bericht vorzulegen,
sondern auch um in jene ebenso bescheidene wie ehrwürdige urkunde
Kayserscher studien einen einblick zu gewähren, habe ich in der ersten
beilage (s. XXVII ff.) alle auf Homer bezüglichen eintragungen ausgezogen,
durchweg mit K.'s worten: wo ich eine reihe zerstreuter unwesentlicher
einzelangaben in eine notiz zusammenfassen musste, habe ich durch
parenthese angedeutet, dass vom wortlaut des originals abgegangen ist.

geist bedarf. Schlosser arbeitete gerade damals an seiner
'universalhistorischen übersicht der geschichte der alten welt
und ihrer cultur' (1826—1834 erschienen). Aber sein ver-
ständnissloses eifern gegen die organische geschichtsbehand-
lung der Boeckhschen schule hatte ihm schon 1825 eine zu-
rechtweisung [1] eingetragen, welche der heranwachsenden
philologengeneration ein scheinbares recht gab auch über die
verdienste Schlossers hinwegzusehen. Auch Kayser fühlte
sich, wie er später äusserte, nicht nur durch den trocknen
unschönen vortrag Schlossers, sondern namentlich durch die
schroff subjective auffassung und behandlung der geschichte
abgestossen. Unwillkürlich übertrug sich auf ihn zugleich ein
theil der persönlichen gegnerschaft seines lehrers Creuzer
gegen den historischen collegen [2], zum schaden selbst der
äusseren gestaltung von K.'s späterem leben.

Wüssten wir nicht, wer Kaysers lehrer gewesen, wer
würde aus seinen schriftstellerischen leistungen seit dem
j. 1835 eine schülerschaft Creuzers errathen? An dem flaum-
gefieder des küchleins haften wohl zuweilen noch stückchen
der eischale, bald fällt auch das letzte merkmal des ursprungs
ab. Nicht anders steht es um jene spuren Creuzerschen ein-
flusses: sie liegen nur oben auf, unvermittelt, fremdartig.
Die zeit, wo er jenes wissenschaftliche tagebuch anlegte, von
dem ich in der anmerkung (s. VIII) gesprochen, der sommer 1831
bildet den wendepunkt. In dem studium der griechischen
poesie fand Kaysers natur unwillkürlich und ohne innere

---

1 C. O. Müller, Prolegomena zu einer wissenschaftl. mythologie s. 37 ff.
2 Zur charakterisierung von Schlossers persönlichem auftreten er-
laube ich mir aus einem brief K.'s an Spengel aus dem jan. 1842 einen
satz — er ist schärfer gefasst als sich K. später zu äussern pflegte,
sagt aber nicht zu viel – mitzutheilen: 'Schlosser, der unsern unschuldigen curator v. Rüdt darüber angefahren hat, weil er einen
pfaffen [keinen andern nämlich als L. Spengel!] von München hierher
versetze..., ist eine eitle hochmüthige und wankelmüthige natur, die nur
speichellecker um sich duldet, welche dann und wann einen kräftigen
tritt seiner hufe sich gefallen lassen'. Die beste illustration der letzten
worte wird für jeden kundigen die erinnerung an Baehr sein, der
Creuzer genutzt hatte um aufzukommen und um sich zu halten Schlosser
brauchte.

kämpfe ihre eignen wege. Der musik, zu der er in früher jugend durch Georg Jacob Vollweiler in Frankfurt a. M. gebildet war und deren pflege ihm bis zu seinem ende ein bedürfniss blieb[1], war ihm nicht vergönnt sein leben zu widmen. Seine empfänglichkeit für die poesie hatte ihn zur philologie geführt: ein scharfer, zergliedernder verstand vermittelte ihm zeitig genaue und sichere auffassung der dichterischen form, der sprache und des metrum, wie später der rednerischen kunst der Griechen und Ciceros. So darf man ohne übertreibung sagen, dass Kayser autodidakt war. Er hat sich durch eigne kraft emporgearbeitet. Hilfe hat ihm dabei nur Gottfried Hermann geleistet durch die bahnbrechende abhandlung *de aetate scriptoris Argonauticorum* und die *elementa doctrinae metricae*; erst in einer späteren zeit, wie wir sehen werden, Leonhard Spengel, sein nächster freund, der nun auch dahingegangen ist.

Auch für seine Homerstudien war ihm das Creuzersche heft nur ein rathgeber der ersten tage. Er nahm den Homer selbst zur hand. Sichtlich theilte Kayser zunächst die stimmung der zwanziger jahre, die, um mit Goethe zu sprechen, 'des zerstörens und zerstückelns' müde 'aus dem unglauben zum glauben, aus dem sondern zum vereinen' zu gelangen strebte und den Homer sich 'lieber als ganzes denken' mochte. Ein genaues studium der gesänge selbst sollte ihm die mittel liefern jenes postulat des zeitbedürfnisses zu bewähren und die erhobenen zweifel zu zerstreuen. Aber er suchte nicht glauben sondern wissen. Neben den vorfechtern der einheit, Johann Leonhard Hug in Freiburg und Gregor Wilhelm Nitzsch verhörte er die gegner, F. A. Wolf, Friedrich A. W. Spohn, Wilhelm Müller. Wenn er sich auch im herbst 1831 noch schmeichelte, die gegen die einheitlichkeit der Odyssee gerichtete beweisführung Spohns[2] und Müllers durchbrechen zu können, so wurde doch der gegner unvermerkt zum lehrmeister; besonders Spohn, dessen gründ-

---

1 Er siegelte darum mit petschaften, die eine lyra mit einem entweder am boden oder zwischen den saiten angebrachten K trugen.

2 Schon 1835 galten ihm Spohns beweise als *manifesta argumenta* (s. unten s. 42).

liche *commentatio de extrema Odysseae parte* (Leipz. 1816)
sichtlich, für K. selbst vielleicht unbewusst ihm zur klarheit
über aufgabe und methode[1] seiner forschung verhalf. Am
wirksamsten aber erwies sich zum durchbruch freierer unbe-
fangener denkweise das studium von Nitzsch' eben 1831 er-
schienenen anmerkungen zur Odyssee ε — ϑ. Die consequente
durchführung einer unhaltbaren ansicht ist stets ihre beste
und sicherste widerlegung. Später hat Nitzsch mit seiner
Sagenpoesie der Griechen (1852) einen noch durchschlagen-
deren erfolg dieser art gehabt: wer um seine position zu
halten solchen landsturm wie emphase und κατὰ τὸ σιωπώ-
μενον aufbieten musste, hatte sie verloren.[2] Von Nitzsch
war K. im jan. 1832 zu erneuter eindringender lectüre der
Homerischen epen zurückgekehrt, und erkannte nun leicht,
dass das blendende bild einer einheitlichen Odyssee, das
Nitzsch entworfen[3], nicht probe hielt, sondern im lichte der
dichtung bald wie ein nebel zerrann.[4] Denn sein plan war
sogleich darauf gerichtet, 'das verhältniss der Homerischen
gesänge zu einander' zu bestimmen, und zwar 'mit genauerer

---

1 Siehe unten s. XVI.

2 Siehe G. F. Schoemann in Jahns jahrbüchern 1854 bd. 69, 3 ff.
129 ff. und *Opusc. acad.* III 1 ff. Drastisch hat H. Koechly die bedeutung von N.'s Sagenpoesie definiert in der *dissert. III de Iliadis carminibus* (Zürich 1857) p. 4 f. '*Verum enim vero hic quidem ὁ ἰασόμενος
ἔρρωσεν ... Id ipsum etiam in Nitzschio accidit poeticae epopoeiarum
Homericarum unitatis defensore tam forti atque religioso, ut vere hoc
dici possit nec post Homerum Iliadem nec post Nitzschium Iliadis ut
simplicis carminis enarrationem scribi posse*'.

3 Erkl. anmerkungen zur Odyssee, bd. II s. XXXII ff.

4 In dem zweiten entwurf zur recension der N.'schen anmerkungen
(heft 6 bl. 49ᵛ) sagt K.: 'Mit aller achtung vor der gelehrsamkeit und
dem scharfsinn den hier N. aufgeboten um die einheit der grossen
epopoeen zu behaupten, kann rec. doch nicht umhin zu bekennen, dass,
wenn er von hrn. N.'s abhandlung zu der Odyssee selbst zurückkehrte,
ihm jene einheit der anlage mit der form der einzelnen partieen in
widerspruch zu stehen schien, und die beweise bei näherer prüfung
keineswegs unumstösslich vorkamen. Er freute sich nachher, als uns
im vergangenen jahre Hermann mit seiner dissertation *de interpolationibus Homericis* beschenkte, darin manche bestätigung seiner ein-
würfe zu finden'; vgl. unten s. 42 f. Zu den letzten worten über Hermann s. s. XIII anm. 2.

grammatischer betrachtung'. Wenn mich mein urtheil über die entstehung der oben s. IV beschriebenen hefte 1—3 nicht täuscht, so war freilich K. damals zunächst bestrebt, unter benutzung der vorhandenen hilfsmittel einen festen grund zu allseitigem genauem verständniss des Homer zu legen. Aber indem er las und wieder las, konnte es nicht ausbleiben, dass ihm zahlreiche fragen und angriffspunkte entgegentraten, deren reiz den jugendlichen forscher mehr und mehr fest hielt und auch aus verschiedenartiger beschäftigung immer wieder zurück-zog. Die erste frucht einer solchen einzeluntersuchung war die erkenntniss, dass der schiffskatalog ein unorganischer, nachträglich eingeschobener bestandtheil des Ilias sei; den beweis fand er theils in besonderheiten der sprache, theils in den widersprüchen der übergänge, durch welche das stück mit der heutigen Ilias vermittelt werden soll.[1] Und während er nun zum zwecke gründlicherer ausrüstung sich in das studium der metrischen arbeiten G. Hermanns versenkt, findet er dazwischen zeit, in einzelnen theilen der Odyssee störungen des zusammenhangs und interpolationen zu beobachten. Un-mittelbar darauf sehen wir die ersten keime einer gesammt-ansicht sich bilden. Genau von dem punkte ausgehend, an dem auch F. A. Wolfs erste analyse[2] einsetzte, dem auf er-heblich jüngere entstehung weisenden verschiedenartigen ton der sechs letzten rhapsodien der Ilias, nahm er zunächst zwei verfasser an und schrieb dem älteren die 18 ersten bücher zu, aber nach ausscheidung nicht nur der Boiotia, sondern auch der gesänge $H \Theta K$. Das nöthigt zur annahme, dass der gehaltvolle kleine aufsatz über diese drei bücher, den ich s. 79 ff. hervorgezogen habe, bereits um diese zeit (20—24 mai 1832) oder kurz vorher niedergeschrieben wurde.

So weit war K. vorgeschritten, als G. Hermanns im märz 1832 ausgegebene abhandlung *de interpolationibus Homeri*[3] in seine hand kam. Auch der berühmte Leipziger kritiker war durch den eindruck, den Nitzsch mit seiner standhaften und

---

1 S. die abhandlung von 1835, unten s. 43 f.
2 Wolf, briefe an herrn hofrath Heyne (Berlin 1797) s. 8.
3 In den *Opuscula* 6, 52 ff.

sinnreichen vertheidigung der einheit machte[1], veranlasst
worden die zusammensetzung beider epen genauerer prüfung
zu unterziehen; er brachte die Wolfsche auffassung zu ehren,
indem er nicht nur die ·fadenscheinigkeit des gewebes in
unserer Ilias durchblicken liess, sondern durch vergleichung der
widerspruchsvollen situationen, in die Machaon, Patroklos,
Eurypylos, Nestor, Zeus, Poseidon und Hera versetzt werden,
in der mittelpartie *A—H* die in einander geschlungenen fäden
verschiedener dichtungen aufwies. Die abhandlung brachte
vielfach für K. bestätigung dessen was er selbst gefunden[2];
mit G. Hermann sich in übereinstimmung zu wissen musste
für ihn ein starker antrieb werden, den eingeschlagenen weg
zu verfolgen. Die erweiterte einsicht, die er durch das Her-
mannsche programm und die gleichzeitige lectüre von Friedrich
Schlegels geschichte der epischen poesie gewann, wandte K.
zunächst auf die Odyssee an, und gelangte zu einer hypothese,
die in der nächsten zeit von ihm genauer ausgeführt und
begründet[3] zwar nicht zur vollen reife gedieh, aber als vor-
läuferin der auffassung Ad. Kirchhoff's ein historisches interesse
hat. In einem wesentlichen punkte überholte er schon damals die späteren forschungen Lachmanns und seiner anhänger.
Hatte es G. Hermann direct ausgesprochen, was Lachmann
zur wahrheit zu machen suchte, dass es einer consequenten
analyse möglich sei, die lieder die in der überlieferten Ilias
in einander gearbeitet seien in ihrer ursprünglichen gestalt
nahezu vollständig herzustellen[4], so wurde es für K. schon

.

1 S. besonders a. a. o. s. 54 *tanta ille arte tamque admirabili acumine
de inventione Odysseae . . . disputavit, ut lectorem vel invitum ad suam
possit sententiam pertrahere.*

2 S. oben s. XI anm. 4. Die übereinstimmung zeigt sich in dem
urtheil über die Boiotia (vgl. Hermann a. a. o. 59) und über die un-
zulänglichkeit der gesammten anlage (Herm. 56—59); sie wird aber
auch manchen von H. in *A—H* nachgewiesenen interpolationen ge-
golten haben, da K. zum 20—24 mai ausdrücklich die aufdeckung 'sehr
vieler interpolationen in den 18 ersten büchern' anmerkt (vgl. unten
s. 56 f. anm.). Den vorgang Hermanns hebt K. auch s. 29 hervor.

3 In der abh. von 1835 unten s. 30 ff., und in dem jetzt mitge-
theilten entwurf s. 9 ff.

4 *Opusc.* 5, 68 *quod si quis totam Iliadem ea diligentia eaque*

ende mai 1832 zur überzeugung, 'dass nachdem die diaskeuase auch durch wegschaffen früherer gedichte die einst
getrennten stücke zu jenen zwei sammlungen verbunden hat,
es unmöglich geworden ist alle rhapsodien in ihrer urgestalt
zu constituieren'.[1]

Als K. dann nach anderen beschäftigungen im anfang des
nächsten jahres (1833) wieder Homer vornahm, liess er es sich
angelegen sein, durch sorgfältige beobachtung vornehmlich
der metrischen und sprachlichen verschiedenheiten in den
einzelnen theilen des epos seine vermuthungen über die entstehung der Odyssee theils zu begründen, theils zu prae-
cisieren. Die resultate begann er in einer *Dissertatio de
diversa origine carminum quae Odysseae corpore continentur* zu
entwickeln, die, wie es scheint, liegen blieb, als er bald darauf (15 mai) sich entschloss eine recension von Nitzsch'
anmerkungen zur Odyssee zu schreiben[2], der er den gleichen
inhalt zudachte. Erst später (april 1834) nahm er den ursprünglichen plan wieder auf, und es erwuchs die im sommer
1835 erschienene *Disputatio de diversa Homericorum carminum
origine* (n. II), worin der eingehenderen erörterung der Odyssee eine
summarische, sehr vorläufige betrachtung der Ilias sich anschloss.

Die musse der folgenden jahre war vorzugsweise Philostratos gewidmet: es entstand die vorzügliche sonderaus-
gabe der Vitae sophistarum (1838), die vorarbeiten zu der
grossen gesammtausgabe wurden unermüdlich gefördert, ein
namenlos erhaltenes stück des erst zwei jahrzehnte später durch
Daremberg vervollständigten buchs über gymnastik wurde mit
sicherem blick entdeckt und commentiert herausgegeben (1840).
K. konnte sich seinem Homer nicht wieder nähern, ohne von
einer reihe capitaler leistungen, durch welche inzwischen die
kenntniss der Homerischen poesie und ihrer geschichte mäch-

---

*circumspectione pertractet, quae in hoc genere permagnae adhibendae
atque etiam ad minutissimas quasque res conferendae sunt, non desperem
pleraque ex quibus illud poema compositum est carmina satis probabili
ratione erui rhapsodiasque quae in unum corpus coaluerunt propemodum
integras in pristinam formam restitui posse.*

1 Unten s. XXIX. vgl. auch s. 30 oben, s. 8 und 11.
2 Näheres oben s. VI. VII.

tig gefördert worden war, kenntniss zu nehmen. Je weniger er sich zu geschichtlichem aufbau in grossem stil berufen fühlte, um so dankbarer nahm er von einem werke wie Welckers epischem cyclus (1835) belehrung entgegen; wie ein neues land wurde ihm und den zeitgenossen die werkstätte der Alexandriner erschlossen durch Lehrs' Aristarch (1833) und Ritschls in die Homerfrage selbst eingreifende schrift über die Alexandrinischen bibliotheken (1838); trotz des verschiedenen standpunkts[1] fesselte ihn Naegelsbachs feinsinniges verständniss der sprache in den anmerkungen zur Ilias (1834), selbst dessen Homerische theologie (1840) liess er nicht ungenutzt. Dagegen ist ein einfluss von Lachmanns betrachtungen über die Ilias[2], deren ersten theil er am 11 april 1841 kennen lernte, kaum wahrnehmbar; die betrachtungsweise selbst war für ihn nicht neu, die ansicht über die entstehung des ganzen aus einzelliedern konnte er nicht mehr zur seinen machen.

Mit der aneignung des fremden verband sich unwillkürlich die förderung der eignen forschung. Der gesichtskreis vergrösserte sich und das auge lernte weiter blicken. 'Es ist ein eigenes ding mit unsern Philologicis', sagte er damals[3] mit rücksicht auf seine Homerstudien, 'je weiter man hinein tritt, desto grösser und durch seine weite niederschlagend wird der hintergrund; am ende ist das bischen, was man errungen hat, nichts im vergleich mit dem noch zu leistenden'.

---

1 Aus einem brief an Spengel vom 25 märz 1842 mag das folgende hier platz finden: 'N(ägelsbach) urtheilt über Homer wie ein orthodoxer theologe über die bibel; von vorne herein ist er gegen jede sogenannte zersplitterung, wie ich aus einem gespräch weiss, das ich mit ihm in Gotha gepflogen habe; so sehr ich seine gediegenen grammatischen kenntnisse schätze, halte ich ihn doch in geschmackssachen für incompetent; auch mag ein dogmatischer nebel seine blicke verdunkeln; sonst könnte er kaum das augenfällige verkennen'.

2 K. brachte dieser arbeit gewiss das günstigste vorurtheil entgegen; über die philologenversammlung in Gotha berichtet er an Spengel (14 nov. 1840): 'Lachmann sprach treffend über die Hom. discrepanzen, nachdem ein Berliner gelbschnabel allerlei arroganten bombast vorgetragen hatte'.

3 In einem brief an Spengel vom 8 aug. 1841.

Doch dieser entmuthigung wurde er in dem maasse herr, als
die durch die recension von Gepperts buch Über den ursprung
der Homerischen gesänge[1] veranlasste arbeit ihn zu neuen
wahrnehmungen führte. Der gedanke die ergebnisse seiner
Homerstudien für ein grösseres publikum zusammenzufassen
regte sich mit bald engerer bald weiterer absteckung der
grenzen. Die wichtigste folge aber war die anregung zu
durchgeführter detailforschung vor allem für die bisher etwas
stiefmütterlich behandelte Ilias. Diese arbeit beginnt im
november 1841 und findet gegen ende des j. 1842 ihren abschluss in der zweiten abhandlung *De interpolatore Homerico*
(n. III).

Am 24 nov. 1841 trug er in das tagebuch als resultat
der vorangegangenen tage die bemerkung ein: 'Eine genauere
vergleichung von Il. Θ und Λ stellt den grössten theil beider
gesänge als reine cento's heraus'. Schon Spohn[2] hatte eine
liste der im schluss der Odyssee vorkommenden entlehnungen
und anklänge aufgestellt und dieselbe als merkmal späterer
entstehung jenes theils verwerthet. Es ist das bleibende verdienst Kaysers, neben den widersprüchen, welche die unver-
meidliche folge des zusammenflickens sein mussten, neben den
abweichungen der sprache, in denen sich unwillkürlich die
verschiedene zeit und sphäre des dichters verräth, die entlehnung nicht nur der dichterischen motive, sondern auch der
äusseren mittel, formeln, hemistichien, ja ganzer verse als
charakteristische eigenschaft derjenigen stücke, welche ledig-
lich zu dem zwecke eingeschoben wurden um die alten Homerischen gesänge zu epischen einheiten zu verbinden, erkannt
und dadurch die wahre natur verschiedener abschnitte besonders der Ilias endgiltig festgestellt zu haben. Dieser nach-
weis ist der wesentlichste, durchaus selbständige[3] inhalt der
eben genannten abhandlung vom j. 1842. Nachdem K. die
einzelnen theile der Ilias und Odyssee in hinsicht auf ihr

1 S. unten beilage II 2 u. 57.

2 In der oben s. XI angeführten schrift s. 212 ff.

3 Auch G. Hermanns 1840 erschienenes programm *De iteratis
apud Homerum* (jetzt in den *opusc.* 8, 11 —23) hat keinen einfluss auf
den gang dieser untersuchungen geübt.

gegenseitiges verhältniss sorgfältig und wiederholt verglichen
hatte, unterzog er die Aristarchischen athetesen einer prüfung und entdeckte, dass dieselben zu einem guten theile den
unvermeidlichen widersprüchen jener secundären ausdichtung
gelten und, müssten sie als richtig anerkannt werden, nicht
sowohl einen schaden heben als eine störung des zusammenhangs oder doch der nachweisbaren absicht des nachdichters
bewirken würden. Indem er dies entwickelte (er scheint zuerst geradezu eine *Disputatio de athetesibus Homericis*[1] beabsichtigt zu haben) und jenen athetesen eine reihe von
stellen der fraglichen theile, an welche der obelos mit demselben oder grösserem rechte hätte gesetzt werden können,
gegenüber stellte, gewann er eine sachgemässe einleitung zu dem
eigentlichen gegenstande seiner kleinen schrift, der darlegung
des charakters jener füllstücke.

Hiermit war für die geschichte des Homerischen epos
eine sichere grundmauer aufgeführt, auf der weiter zu bauen
keiner mehr berufen gewesen wäre als Kayser. Er hatte nur
den weg, den verbunden mit der analyse des zusammenhangs
die eifrig begonnenen metrischen und grammatischen beobachtungen eröffnet hatten, mit der ausdauer die er besass
zu verfolgen, um zu einem ziele zu gelangen, dessen erreichung
ihn für zeitgenossen und nachwelt unter die ersten Homer-
forscher gestellt hätte. Nie hat er einen arbeitsstoff unter
den händen gehabt, bei dem so wie hier alle seine gaben
und kenntnisse zur wirkung kommen konnten. Alles musste
ihn dazu drängen nicht vorzeitig halt zu machen. Es geschah das gegentheil. Nur vorübergehend und wie auf be-
such ist er seitdem bei Homer eingekehrt, und ausser dem
unvollendet gebliebenen versuch des j. 1843 seine bisherigen
ergebnisse deutsch darzustellen (n. I) ist die recension der Hoffmann'schen *quaestiones* (1850) die einzige nachträgliche frucht
der alten liebe von bleibenderem werth (n. V). Wir fragen mit
schmerzlichem erstaunen nach der ursache dieser wandelung.

Um dieselbe zeit, wo K. die zweite lateinische abhandlung über Homer (n. III) zum abschluss brachte, trat Leon-

---

[1] S. unten s. XXXII unter dem 12 aug. 1842.

hard Spengel seine professur in Heidelberg au. Durch vertrauten briefwechsel seit dem j. 1838 vorbereitet gestaltete sich zwischen ihm und K. sofort ein reger wissenschaftlicher verkehr, nicht nur gegenseitiger austausch sondern auch gemeinsame lectüre, jenes συμφιλολογεῖν καὶ συνενθουσιάζειν, das beiden so sehr lebensbedürfniss war.[1] Das lustrum des unmittelbaren vereins mit Spengel (1842--7) war ein lichtblick in Kaysers leben; die anregungen eines wissenschaftlichen freundschaftsbundes hat er nur damals genossen. Auch in der freundschaft gilt das recht des stärkeren. Neben den unumgänglichen arbeiten, worunter die 1846 vollendete grosse ausgabe des Philostratos, beschäftigten ihn bald nur die im verein mit Spengel gepflegten studien. Kaysers empfänglicher sinn war offen für alles, was der freund erforscht hatte oder mit ihm durchforschen wollte. Unvermerkt wurde er mehr und mehr in die studienkreise Spengels hinübergezogen. Nicht zu blosser kenntnissnahme, sondern zu ernster vertiefung und selbständiger thätigkeit. Pausanias, den die freunde gemeinsam durcharbeiteten, verdankt Kayser eine reihe treffender textbesserungen. Wie nachhaltig das interesse wirkte, das K. unter Spengels anregung an der rednerischen litteratur und der rhetorik des classischen alterthums nahm, braucht nur angedeutet zu werden. Auch der antiken philosophie wurde K. zugänglich. Es wurde nach dem bewährten recept Herbarts der anfang mit Sextus Empiricus gemacht: mit welchem erfolg, haben zwei fördernde aufsätze gelehrt; noch in seinem letzten lebensjahre hatte ihn K. auf die tagesordnung gesetzt, eine textbearbeitung für die bibliotheca Teubneriana war der vollendung nahe gebracht.[2] Selbst vor Aristoteles, die abstractesten schriften, logik metaphysik psychologie eingeschlossen, scheute K. nicht zurück. Er bezwang seine unphilosophische natur, indem er sich anhielt von dem gedankengang schriftlich genaue rechenschaft zu geben. Mehreren werken hat er dann ein eindringendes und fortgesetztes studium zugewandt: der nachlass enthält auf-

---

1 Vgl. W. Christ, gedächtnisrede auf L. v. Spengel (München 1881) s. 45. Auch in Kaysers briefen kommt die formel oft vor.

2 Vgl. Stark, Heidelb. jahrb. 1872 s. 414.

zeichnungen zur psychologie und metaphysik, einen offenbar
bei vorlesungen gebrauchten commentar zur rhetorik; zur
politik, über die er 1855 las und die er mit commentar aus-
gestattet herauszugeben 1856 entschlossen war[1], liegen sogar zwei entwürfe vor.[2] So erfuhr Kaysers arbeitsfeld
allmählich eine fast vollständige verschiebung. Zwar die
griechischen dichter und was damit zusammenhieng, litteraturgeschichte und vornehmlich metrik, liess er nicht fallen; fest-
gewurzelte neigung und bald neu erschienene werke, bald
die lehrthätigkeit führten ihn stets zu ihnen zurück. Aber
Homer trat immer mehr seitab. Es ist möglich, dass Spengel
in bester absicht aber übereiltem urtheil dazu beigetragen
hat. Die griechische poesie stand demselben im grunde ferne.
Wie Spengel speciell über Homer dachte, weiss ich nicht,
aber ich könnte mir denken, dass ihm, der bei Aristoteles
zuerst das kritische messer mit sicherem griff einzusetzen
wusste, Homerische analyse einen zu starken norddeutschen
beigeschmack hatte.

Es kam noch ein tiefer liegendes moment hinzu. Sollen
so umfassende und weitaussehende forschungen, wie es die
Homerischen für K. waren, zu voller reife und abrundung
gedeihen, so bedürfen sie des lichts und der wärme, wie be-
hagliche äussere lage sie erzeugt. Ihm wollte das glück ein
freundlicheres gesicht nicht zeigen, bevor er über die mittags-
höhe des lebens hinaus war. Am 19 jan. 1833 hatte er
durch die übliche disputation seine habilitation an der universität vollzogen, und war an ihr seit ostern 1833 unaus-
gesetzt als lehrer thätig, meist durch mehrere gleichzeitige
vorlesungen, seit 1835 auch als leiter von seminarübungen.
Zehn jahre lang hat er die letztere thätigkeit freiwillig ausgeübt, ehe ihm die betheiligung an der leitung des seminars
von staats wegen übertragen wurde (1845). Mit dem titel
eines ausserordentlichen professors hatte man allerdings nicht
gekargt, er war ihm 1841 zu theil geworden. Aber volle

---

1 Briefe an Spengel vom 19 januar und vom 30 april 1856.

2 Auch der ausführlichere entwurf (von 238 gebrochenen quart-
seiten) hat zahlreiche nachträge erhalten, veranlasst besonders durch
Spengels 'Aristotelische studien' und Susemihls programme.

22 jahre hat K. seine hingebenden und verdienstvollen be-
mühhungen der universität zu gute kommen lassen, bis ein
gehalt für ihn ausgeworfen wurde (1855), der sich auf die
summe von 600 gulden belief. Nicht weniger als 31 jahre
hatte K. dociert, als ihm im j. 1864, acht jahre vor seinem
ende, mit dem ordinariat eine seiner würdige und auskömm-
liche stellung geschaffen wurde für den lebensabend, dem
auch durch die zweite im j. 1862 eingegangene ehe häus-
liches glück und innere befriedigung in reichstem maasse
bereitet war.

Es lässt sich schwer denken, und wenn ein charakter
von stahl sich mit hellem die äusseren verhältnisse und das
eigne ich nüchtern wügendem verstande paarte, dass er dem
drucke planmässiger ungerechter zurücksetzung auf die dauer
unberührt widerstehen könne. Eine ehe zerbrach unter diesem
druck nach fünfzehnjährigem bestand; auch das bitterste hatte
der dulder durchkosten müssen, den nagenden schmerz, im
eignen hause verkannt zu sein. Er selbst hielt sich aufrecht, der kern seines wesens blieb wirklich unberührt. Eine
unverwüstliche heiterkeit, die in allen lagen sich des guten
freut, und jener optimismus, der leicht sich von einem schlage
erholt und wie mit grossen kinderaugen von neuem arglos
in die welt schaut, vor allem das innere glück der gelehrten
arbeit hoben ihn rasch über das schlimmste hinweg. Aber
die noth des lebens war damit nicht gestillt; es konnte nicht
anders sein als dass sie auch auf die wahl und richtung der
wissenschaftlichen arbeit K.'s einfluss gewann. Er sah sich
genöthigt durch recensieren geld zu erwerben. Aus der
zweiten beilage (s. XXXVIII ff.), bei der ich vollständigkeit nach
kräften erstrebt habe, ohne sie verbürgen zu können[1], wird

---

1 Ich bezweifle gar nicht, dass mir manche recension, sicher solche
die K. nicht unterzeichnet hat, entgangen ist. Viele zeit habe ich
darauf gewendet eine anzahl von arbeiten, deren abfassung mir aus
K.'s tagebuch bekannt geworden war, aufzusuchen, aber nur theilweise
mit erfolg: die übrigen habe ich mich begnügen müssen als geschrieben
aufzuführen (sie sind durch einen stern gekennzeichnet) und es un-
gewiss zu lassen, ob sie wirklich gedruckt worden sind: bei einigen
wie n. 58 und n. 163 ist es mehr als wahrscheinlich, dass das nicht
geschehen ist.

mancher zu seiner überraschung entnehmen, in welchem umfange K. diese thätigkeit ausgeübt hat. Die weit überwiegende mehrzahl seiner recensionen beruht auf selbständigen studien, und wenige sind darunter, die nicht eine fülle eigner bemerkungen beisteuerten; mögen letztere auch nicht immer sich probehaltig erweisen, wie das bei der entstehung solcher gelegenheitsarbeiten nur zu natürlich ist, das wird man anerkennen müssen, dass auch bei dieser art von schriftstellerei K. sich selbst treu blieb. Seine immer bereite empfänglichkeit und die elasticität seines geistes kamen ihm dabei in solcher weise zu statten, dass eine thätigkeit, die er oft beklagt und verwünscht hat, so lange sie nothwendigkeit war, ihm dann als er ihrer nicht mehr bedurfte fast zum bedürfniss geworden war. Für grössere schriftstellerische pläne musste er bedacht nehmen stoffe zu wählen, deren behandlung wirksamen eindruck auf die behörde versprach. So wurde er zur bearbeitung des Cornificius geführt, und in diesem sinne trug er sich eine zeit lang mit dem gedanken, eine commentierte ausgabe der Aristotelischen politik abzufassen (oben s. XIX), einem plane, der dann durch die textrevision der rhetorischen schriften und reden Ciceros zurückgedrängt wurde. Für Homer war und blieb kein raum.

Kaysers äussere lage, die nicht wohl eindringlicher geschildert werden kann als durch eine nackte herzählung der thatsachen, wie sie oben gegeben wurde, stand in schreiendem missverhältniss zu dem was er leistete. Von Homer habe ich zur genüge gesprochen, auf seine weit bekannteren verdienste ist nicht nöthig hier einzugehen. Die wirkung seiner schriften mag durch die knappheit der fassung beeinträchtigt werden, die bei ihm eine folge des ringens mit der form war: bei aller logischen schärfe, die ihn charakterisierte, mangelte ihm die dialektische gewandtheit auseinanderlegender entwicklung. Man muss die form überwinden, muss selbst arbeiten, wenn man den werth und nutzen von leistungen, wie es die commentare zu Philostratos sophistenleben oder zu Cornificius sind[1], würdigen oder den inhalt der re-

---

1 K. duldete kein überflüssiges wort und gab in seinen commen-

censionen, besonders der in Fleckeisens jahrbüchern erschie-
nenen sich aneignen will. Es ist eine ungewöhnliche viel-
seitigkeit, die uns entgegentritt, wenn wir die gesammtheit
seiner studien an unserem auge vorübergehen lassen.[1] Und
fast überall, auch wo er nur als gast zu verweilen scheint, hat
er theils treffende theils fördernde bemerkungen ausgestreut.

Nicht minder ausgezeichnet war Kaysers lehrthätigkeit
an der universität. Wenn ich von ihr als schüler zeugniss
ablege, so möge man mir die einmischung meiner person zu
gute halten. Als ich zum beginn meiner universitätsstudien
Heidelberg aufsuchte, waren es Christian Felix Baehr, Carl
Zell und Kayser, denen die pflege philologischer studien an
der Carolo-Ruperta oblag.[2] Um mir die bibliothek zu öffnen,
die dem studenten nicht mehr als zwei bände im ganzen an-
vertraute, gab ich einer empfehlung an den oberbibliothekar
Baehr dadurch nachdruck, dass ich bei ihm 'Juvenals satiren,
verbunden mit lateinischen stilübungen' (3 stündig) belegte.
Andere philologische vorlesungen hörte ich damals nicht.
Aber ich betheiligte mich an den seminarübungen, die von
den drei genannten geleitet wurden. Es möchte schwer
halten einen begriff von der damaligen verkommenheit des
philologischen studiums zu geben, welche durch die erbärm-
lichkeit Baehrs man könnte fast sagen planmässig gefördert[3]

taren mit strenger auswahl nur das zur sache nöthige. Ueber einen
gleichzeitigen philologen sagt er in einem briefe an Spengel (8 märz
1839) '* dünkt sich vielleicht ein Wyttenbach oder Hemsterhuys, wenn
er nur recht viele parallelstellen auf einander thürmt; es gebricht ihm
noch an dem nöthigen takt, der das neue und brauchbare von dem
bekannten und überflüssigen zu sondern weiss'.

1 Man sehe die zweite beilage s. XXXIV ff.

2 Vergessen will ich nicht den lustigsten aller philologischen
privatdocenten, den späteren Nilfahrer Julius Braun, der damals griechische litteraturgeschichte zweistündig publice vortrug und metrik
als ein gespenst philologischer staatshämorroidare verachten lehrte.

3 Gerade weil es so milde gehalten ist (die absolute hohlheit des
mannes und die für das Badische unterrichtswesen verhängnissvolle
gemeinschädlichkeit seines wirkens finde ich darin nur eben angedeutet),
mag hier ein urtheil K.'s über Baehr stehn, einem brief an Spengel
(4 märz 1842) entnommen, worin er die zur hebung der philologischen
studien zu ergreifenden maassregeln bespricht: 'Die ersten schritte

und durch die fromme trägheit Zells wenigstens nicht auf-
gehalten wurde. Man trat wie in eine andere welt, wenn
man zu Kayser kam. Im sonnigsten auditorium des alten
universitätsgebäudes hielt Zell seine übungen nachmittags
2—3 im sommer ab, der lehrer selbst schlief im stehn und
sprechen. In kühlem gartensaal, wo er selbst zu arbeiten
pflegte, umgeben von seinen büchern empfieng Kayser die
seminaristen des abends. Der geh. hofrath usw. Baehr'liess
in einer stunde Plutarch erklären; die zweite verwendete er
abwechselnd in der einen woche zu griechischen exercitien,
genauer gesagt zur praktischen erlernung der griechischen
accente, zu welchem ende er Lukians schrift gegen den un-
gelehrten büchernarr aus deutschen dictaten zurück über-
setzen liess; in der nächsten zur übung im lateinstottern, indem er nach der reihe zwei kämpfer über so fruchtbare
themata wie die: ob Caesar oder Alexander grösseres recht
auf den namen des grossen habe, oder ob es wahrscheinlich
sei, dass Herodotos sein (ganzes) geschichtswerk zu Olympia
vorgelesen habe usw. disputieren liess. Bei Kayser allein
fand man gelegenheit denken, prüfen, urtheilen zu lernen.
Es wurde damals Pindar gelesen. Jedes mitglied erhielt einen
fragezettel und hatte die darauf formulierten exegetischen
und kritischen controversen einer eingehenden schriftlichen
erwägung zu unterziehn. Aber nicht unter dieser form allein
setzte K. den häuslichen fleiss in bewegung. Wenn er Attische
oder Ciceronische reden behandelte, die er später bevorzugte,
pflegte er, wie ich mich aus dem nachlass überzeugte, die

werden also von uns gemeinsam auf befestigung des wankenden
fundaments gerichtet sein müssen; die geduld darf bei der geringen
zahl und geschicklichkeit der seminaristen nicht ermüden. Baehr wird
dazu scheel sehen, und nach seiner lieben gewohnheit intriguieren, den
seminaristen und andern leuten flöhe hinter die ohren setzen. Diesem
kauz kann nur durch unablässiges streben, wissenschaftlichkeit zu begründen, entgegengearbeitet werden; ehrlich währt am längsten auch
auf dem gebiet des forschens, und so denke ich, · muss doch einmal
seine baracke zusammenstürzen, die aus citaten von Matthiae, lexika-
lischem und phraseologischem kram und einigen realistischen, litterä-
rischen und historischen notizen zusammengekleckst ist'. Vor schülern
und freunden war K. stets zurückhaltend im urtheil über collegen.

seminaristen anzuhalten unter den verschiedensten gesichts-
punkten die technik zu beobachten, und hat dadurch eine
anleitung zum verständniss rednerischer kunst gegeben, wie
sie ausser Spengel sonst niemand zu bieten vermochte noch
geboten hat. Wer eifer zeigte, war ihm bald persönlich näher
getreten. Mit solchen las er dann ab und zu ein antikes
drama, nachdem er dasselbe zuvor einer kritischen revision
unterzogen und die dabei aufgezeichneten bemerkungen in
umlauf gesetzt hatte. Es war ihm eine freude, wenn man
belehrung oder litterarische unterstützung bei ihm suchte.
Ich sehe mich noch an seiner seite zwischen den obstbäumen
des gartens oder auch in den waldwegen der berge gehn
und seinen bald belehrenden bald ermunternden, jetzt ernsten
dann witzig und schalkhaft scherzenden worten lauschen.
Wie mir, ist er vielen aus einem lehrer ein freund fürs leben
geworden.

Mit geräuschloser bescheidenheit übte Kayser diese
segensreiche wirksamkeit an der Heidelberger hochschule aus.
Sich nach aussen geltend zu machen, fehlte ihm ebenso die
neigung wie das geschick. Die natur schien ihm ellenbogen
versagt zu haben, und die erziehung war auf entwicklung
der selbständigkeit schwerlich angelegt. Der frühe tod des
vaters (1827) bedeutete für den hingebend treuen sohn eine
auch äussere abhängigkeit von der mutter, einer bedeuten-
den und willensstarken frau.[1] Er stand derselben als haupt-
lehrer des von ihr geleiteten instituts und pensionats für
knaben zur seite. Ein verhältniss das bequemen vorwand bot,
seiner thätigkeit an der universität anerkennung und be-
lohnung zu versagen.[2] Die üblichen mittel diese äussere an-

1 Sie war eine tochter des pfarrers Georg Daniel Keibel in
Mannheim.
2 Wie das leben nun einmal geordnet war, daran konnte auch
der tod der mutter (1843) zunächst nichts ändern. Erst 1846 wurde
das knabeninstitut aufgelöst. Aber es wurde leider bald ein gebot der
nothwendigkeit, einen ersatz zu schaffen, den ein von K.'s erster frau
gegründetes mädchenpensionat brachte. Nach einer oben gegebenen
andeutung wird man verstehen, wie diese umkehrung des natürlichen
verhältnisses zwischen mann und frau verhängnissvoll werden und die
im j. 1862 erfolgte scheidung herbeiführen musste.

erkennung zu suchen widerstrebten seiner feinen und edlen
empfindung. Er begehrte dieselbe auch gar nicht; und wenn
er sie vermisste, war es die enge der äusseren verhältnisse, die ihm das mangelnde nur allzu fühlbar machte.
Ein tiefes gemüth, voll befriedigt von dem genusse der kunst
und der forschung, kannte er ausser in seinem wissenschaftlichen streben nicht den antrieb des ehrgeizes; wenn derselbe
je in ihm gelebt hatte, so war er verkümmert in der lage,
in welcher kindliche liebe ihn anderthalb jahrzehnte gebannt
hielt. 'Wenn Sie mich' schreibt er im mai 1839 an Spengel
'über das misslingen meiner ansprüche zurecht- und auf die
güter verweisen, welche kein neid und keine macht uns ent-
ziehen kann, so stimme ich mit Ihnen ganz überein. Suchen
wir in den studien selbst unser glück, und lassen uns durch
das ausbleiben äusserer anerkennung nicht entmuthigen. Die
leute, welche nach äusseren dingen streben, haben auch
mehr talent dazu, sind aber für die freuden des φροντιστήριον
stumpf, und wir möchten am ende nicht mit ihnen tauschen,
so vortheilhaft auch ihre stellung ist. Meine wünsche waren
immer mässig; nur zeit zum studium ist überall die *condicio
sine qua non*; ein blosses geschäftsleben steht mir nicht an'.
   Thatsächlich ist Kayser die längste zeit (in abzug kommen nur die fünf jahre, während deren Spengel mit ihm zusammen wirkte, und die letzten neun jahre nach Koechlys
eintritt) der einzige gewesen, der an der universität zu Heidelberg philologisches studium aufrecht erhielt. Je grösseren
werth diese nachhaltige thätigkeit durch die anspruchslosig-
keit erhielt, mit der sie ausgeübt wurde, um so mehr hätte sie
auch höheren orts gewürdigt werden sollen. Ein älterer fach-
college war es, dessen planmässige und nicht erfolglose be-
mühungen von anfang an dahin gerichtet waren, Kayser lahm
zu legen und am aufkommen zu hindern. Nicht werth Kaysers
schuhriemen zu lösen hat er alle mittel, die seine durch
häufung verschiedener würden einflussreiche stellung und eine
geriebene schlauheit ihm an die hand gab, gegen denselben
verwerthet. Die acten der philosophischen facultät wissen
davon genug zu erzählen; davon schweigen sie, wie es gelang
die stimmführenden mitglieder der universität und die ent-

scheidende behörde jahrzehnte lang in einer so unglaublichen verblendung über den wahren werth der beiden männer zu erhalten. Unfähigkeit wird immer gemein, und am sichersten, wenn sie sich in unverdienter stellung zu behaupten sucht. Dass später auch ein namhafter und bis auf das liebe ich einsichtiger college nicht anstand nahm Kaysers bewährte seminarthätigkeit zu meistern und ihm dadurch in das glück der letzten jahre wermuth mischte, davon verbiete ich mir zu reden, damit gerechter unwille mich nicht unbillig mache.

Während seines lebens ist unverantwortlich gegen Kayser gefehlt worden: möge die nachwelt diese schuld der vergangenheit anerkennen und so weit das überhaupt möglich ist abtragen. Die anerkennung der mitforscher hat ihm freilich zu keiner zeit gemangelt. Aber man begegnet zuweilen einer geringschätzung seiner verdienste, sogar abschätzigen urtheilen. Als ob in schriften° und büchern bloss ein stück arbeit, nicht auch ein stück leben beschlossen wäre. Wer vor dieser ausdauernden selbstlosen geistesarbeit die schuldige hochachtung hegt, wird die daraus hervorgegangenen leistungen doppelt hochschätzen, wenn er die verhältnisse erwägt, denen sie zum grösseren theile gleichsam abgerungen werden mussten. Einzelnem hat die ungunst des lebens die zeit zur reife versagt; es ist eine einfache forderung der gerechtigkeit, dass man nicht das einzelne, sondern das ganze zur grundlage des urtheils nehme.

Mein wunsch war, so viel ich vermöchte, zu gerechterer würdigung Kaysers beizutragen, und ich konnte das nicht anders als indem ich mit strenger wahrheitsliebe die entscheidenden factoren seiner entwicklung mir und andern verständlich zu machen suchte. Mehr als meine worte werden zu jenem zwecke die von mir zusammengestellten Homerischen abhandlungen mitwirken, die Kayser von einer für die meisten zeitgenossen neuen seite zeigen. Dass ich auf die herausgabe die erforderliche sorgfalt verwendet, darf ich wohl behaupten, aber nicht, dass ich die treue in sklavischer wiedergabe des äusseren gesucht habe.

Bonn, 16 juni 1881

H. Usener

BEILAGE I

ÜBERSICHT ÜBER KAYSERS HOMERSTUDIEN NACH DEN AUFZEICHNUNGEN DES TAGEBUCHS[1]

1831 aug. 30 Homerische studien über die verfassung der epopöen (nach Creuzers heft über gr. poesie) angefangen.

Sept. 1 Fortsetzung, nebst lectüre mehrerer Hom. gesänge (Odyssee). 2 desgleichen. Die Odyssee abermals fertig gelesen.

7—9 Abermals untersuchungen mit bezug auf die hervorbringung der Homerischen gedichte durch einen sänger. Spohn De extrema Odysseae parte z. th. widerlegt. 13—20 Fortsetzung der Homerischen studien. Wolfs Prolegomenen, Hugs erfindung der buchstabenschrift. Anlage zu einem werk über Homer.

Oct. 10—15 beschäftigte ich mich . . . mit Müllers vorschule zu Homer. Viele versuche, seine beweise zu entkräften, besonders in bezug auf die verbindung des vierten gesangs der Odyssee mit dem 5ten und 15ten. 18 Die Ilias zum zweitenmal durchgelesen (vor 3 wochen angefangen), diesmal aus gründen höherer kritik, doch mehr in aesthetischem sinn.

Oct. 31 — nov. 3 (Homerische hymnen und kleinere gedichte).

1832 jan. 6. 10—13 (Nitzsch' anmerkungen zur Odyssee bd. II durchgearbeitet).

jan. 18 Nach einem für das ganze jahr und darüber gemachten plane erfolgt vorerst eine abermalige lectüre des ganzen Homer, wobei frühere arbeit zu grund gelegt, übrigens mit genauerer grammatischer betrachtung bestimmt werden soll 1) das verhältniss der Homerischen gesänge zu einander 2) dann überhaupt zu aller spätern poesie in jeder rücksicht. Denn es ist zeit, endlich an ein umfassendes studium des alterthums zu gehen, die cultur der alten welt genetisch zu verfolgen, und damit alles abspringen (wenn nicht berufspflicht und Ph[ilostratos] es fordern) als schädlichen zeitverderb strenge zu meiden. — Heute Ilias *A* nach Heyne u. a.

18 — febr. 25 (durcharbeitung der Ilias mit wiederholung).

---

1 siehe s. viii anm. 2.

febr. 26 — märz 19 (desgl. der Odyssee). märz 22 — 31 (desgl. der grösseren Hom. hymnen).

Apr. 13. 14 Schiffskatalog besonders gelesen, und als ein zur Ilias nicht passender theil im einzelnen erwiesen.

Mai 8. 9 Hermanns anhang zu den Orphicis p. 687 — 800. 10. 11 Absonderung mehrerer stücke der Odyssee in den letzten acht rhapsodien z. th. mit rücksicht auf metrik. 16 [mitten zwischen dem studium von G. Hermanns elementa doctr. metr.] Nähere untersuchung der interpolationen in Od. ϑ. 20 — 24 In diesen tagen gelangte ich zu folgender ansicht über die Ilias. Sie gehört wenigstens zwei verfassern an, von denen der eine die rhapsodien Α—Ζ, Ι, Λ, Μ—Σ gesungen, der andere die sechs letzten vielleicht gar schon geschrieben hat: so neu erscheinen sie gegen die erstern. Möglich, dass die erste abtheilung auch zwei verfasser hat, die aber der zeit nach sich viel näher standen, und auch an werth ihrer poesie sich gleichkommen. Bei der verschiedenheit des inhalts lässt sich diese hypothese von mehreren verfassern jener partie wohl nicht so leicht in gewissheit verwandeln. Sehr viele interpolationen in den 18 ersten büchern habe ich nachzuweisen gesucht. 25 — 31 Interpolationes Homericae (Hermann). Schlegels geschichte der gr. poesie. Zum theil mit rücksicht auf diese schriften kam ich über die Odyssee auf diese hypothese: rhaps. ε—μ scheinen, wenige stellen in ϑ und λ ausgenommen, von einem meister herzurühren. Das ganze epos zerfällt in zwei hauptpartien, Νόστος und Τίσις. Letztere hat wahrscheinlich den anfang verloren, und in der mitte, nach rhaps. δ, den theil, welcher die rückkehr des Odysseus kürzer berührte. In rhaps. ν begegnen sich beide, ursprünglich wohl selbständige gedichte. Von ξ 508 bis zu ρ ist die hälfte interpolation; dann σ, und τ vermuthlich in gleicher zeit mit Hesiods ἔργα καὶ ἡμέραι gedichtet; auch von υ gilt vielleicht dieselbe vermuthung. Aber φ und χ scheinen älter und einem kräftigern geiste anzugehören. In ψ ist v. 117—152 schwerlich ächt.

Hauptsächlich ist mir die überzeugung geworden, dass weder Ilias noch Odyssee einen schluss haben, und dass es so auch sein muss, nach der natur des epos[1]; dann dass, nachdem die

---

1 Im ersten entwurf der recension von Nitzsch' anmerkungen findet sich am schluss (heft 6 f. 87) eine ausführung dieses gedankens: 'Mit dem 296ten verse des 23ten gesangs endigt nach dem ausspruch der Alexandrinischen kritiker die Odyssee. Man verwechsle jedoch dies ende nicht mit dem schluss. Beide sammlungen der heldenlieder unter dem namen Ilias und Odyssee haben in der that weder anfang noch ende im künstlerischen sinne des wortes; das epos ist unendlich wie die zeit und die geschichte'. Ein gedanke, zu dem Nitzsch' syllogismen über die für den plan der Ilias nothwendigen bestandtheile führten (vgl. GHermann opuscc. 5, 56).

diaskeuase auch durch wegschaffen früherer gedichte die einst getrennten stücke zu jenen zwei sammlungen verbunden hat, es unmöglich geworden ist alle rhapsodien in ihrer urgestalt zu constituieren.

1833 jan. 13 Metrische vergleichung von Odyssee ι—μ. 25 — 31 Vergleichung von Od. ι—μ in grammatischer, mythologischer, antiquarischer und aesthetischer hinsicht. Febr. 1—12 Vergleichung von ε—ϑ, ν, ξ. 13 — 20 α—δ, o, π. 20—28 Zusammenstellung der verschiedenheiten von ι—μ und α—δ grammatisch und metrisch. März 1—15 Beendigung der collectionen über die Odyssee. April 5—11 Commentar zu dem hymnus auf den delischen Apollon. 20—30 desgl. zum h. auf den delphischen Apollon. Ferner vom 18ten an: Dissertatio de diversa origine carminum, quae Odysseae corpore continentur. Mai 3—12 Fortsetzung der genannten dissertation. Insbesondere beweis, dass ν—π viele widersprüche gegen α—δ enthalten, dass ε—ϑ spätern ursprungs sei als ι—μ, und dass ϱ—ψ (von ω nicht zu reden) einen noch neuern verfasser haben. 6—9 Opera et Dies metrisch und grammatisch bearbeitet. 15—27 Recension von Nitzsch's Odyssee [bd. II].

Juni 1—20 Ausarbeitung der recension von Nitzsch's II. band der noten zur Odyssee, insbesondere gegen die prolegomenen gerichtet. Die Ilias wird ebenfalls behandelt, der verfasser von Π für einen andern als der von I, der von Σ—Ψ abermals für einen andern als der von I und von Π erklärt, und Ω als neuestes product ausgewiesen. Ob wer A—Δ, vielleicht auch E und Z, H bis v. 16 dichtete, noch I hinzugefügt, bleibt unentschieden; auf keinen fall gehören ihm die letzten rhapsodien an. 20—30 Wie Hesiods Theogonie an mehreren stellen interpoliert sei und mithin von verschiedenen verfassern herrühre, habe ich zu zeigen gesucht.

1834 april Abfassung der lat. abhandlung über Homer.

1835 mai Verfassung des heftes der geschichte gr. poesie, namentlich über Homer und Hesiod. Die abhandlung De diversa Hom. carm. origine endlich abgedruckt.

1837 sept. 21—30 Einige vorbereitungen . . . zu den vorlesungen über die epische poesie, nach Bernhardy, Creuzer, Düntzer, Hermann, Müller, Welcker. Oct. Fortsetzung der arbeiten für das colleg.

1838 febr. 4—7 Wiederholung der Homericae quaestiones in bezug auf Od. δ ν ξ o. 20. 21 Lehrs' Aristarch.

1840 jan. 1 Ritschl, über die Pisistratische recension H.s gelesen. 2 Auszug aus Ritschl's abhandlung. aug. 2—17 (studium von Lehrs De Aristarchi studiis Homericis unter andern im ·juli begonnenen, bis in den jan. 1841 fortgesetzten arbeiten zur 'geschichte der grammatik bei den alten'). nov. Homericae particulae aus Naegelsbach. 11—12 Auszug aus Lehrs De Ar. st. Hom. und aus Naegelsbachs Homerischer theologie. Aus desselben excursen zu Homers Ilias mehrere abschnitte bearbeitet. 10—24 . . . Hom. Il. *B* bis 100 . . . Geppert über den Homerischen hexameter ausgezogen.

1841 jan. Am 17ten fasste ich den entschluss die längst vorbereitete geschichte griechischer poesie und metrik auszuarbeiten. Davon ist 17—21 angelegt die lehre von den caesuren, der production und dem hiatus des Homerischen verses, und eine einleitung über die entstehung der Homerischen epik. 22—28 Geppert über die Hom. gesänge, 2 theile, und Naegelsbachs werk über die theologie Homers grösstentheils durchgelesen. 29 —31 Anfang einer recension von Geppert als vorarbeit zu jener litteraturgeschichte.

Febr. 1—9 (u. a.) Grotefend über Homer. 10 Der plan einer litteraturgeschichte wird einstweilen vertauscht mit dem, selbständige beiträge zur litteraturgeschichte zu liefern, von welchen bestandtheile sein sollen: die Homerische frage — Sophokles Antigone neu erörtert — Pindars poesie, desgl. Lollianus — fragmentum musicum. 11—18 . . . der artikel über den Homerischen vers neu ausgearbeitet.

April 11 . . . Lachmann, Über die 10 ersten bücher der Ilias. 12—30 Geppert durchgenommen. 16—30 Einiges über Homers Ilias *N—Σ.* Ansicht, dass *N—O* eingelegt sind, und der Patroklea ursprünglich eine einleitung vorhergieng, welche den inhalt von *A* und *M* in mässiger ausdehnung umfasste.

Mai 1—5 . . . notata zu Geppert. Combination, dass Il. Z [lies *H*] 16 in *A* nach der ἀριστεία Ἀγαμέμνονος noch fortgeführt ist [*ein fragezeichen später eingesetzt*], dann aber mit *M* eine andere bearbeitung der sage eintritt [vgl. vielmehr 26 nov. *späterer zusatz*]. 6—9 Fortsetzung des heftes über Homer und Homeriden. Einleitung zu . . . den vorlesungen über gr. poesie (begonnen am 7ten). 9 Einiges über den epischen cyclus excerpiert aus Welcker und Prellers rec. 10—13 Fortsetzung. 14—23 Über den epischen cyclus des troianischen sagenkreises einstweilen abgeschlossen. Einiges für die rec. von Gepperts Homerica.

Juni 1. 2 Die Herakleen nebst Atthis des cyclus bearbeitet.

Sept. 16—21 Wiederaufnahme der rec. von Gepperts buch.

Oct. 5 Epochen der Hom. epik, nach Grotefend. 6—22 Hesiodeische studien. 31 Die ersten seiten der herauszugebenden 'geschichte griechischer poesie und metrik' (epik).

Nov. 1. 2 Fortsetzung der epik. Aristoteles und Longinus an den betreffenden stellen nachgesehn. 3—12 Lectüre von

C. O. Müllers gr. litteraturgeschichte. Lectüre von Hom. Il. $\varDelta$ 440—Z 120 zum behuf der vergleichung des poetischen stils dieses theils mit A—P. 13—16 Fortsetzung des Homer bis $\varXi$ incl. Vermuthung, dass $\varTheta$ bis 30 und M 37—O fin. die für sich bestehende $T\varepsilon\iota\chi o\mu\alpha\chi\iota\alpha$ enthalte. 16—24 Eine genauere vergleichung von Il. $\varTheta$ und A stellt den grössten theil beider gesänge als reine cento's heraus. Am texte der litteraturgeschichte weniges fortgearbeitet. 26—30 In der Iliade die rhapsodien $\varPi$ P $\varSigma$ und A 284—595 als zusammengehörend und als kern der Patrokleia, welcher aber der anfang fehlt, erkannt.

Dec. 1 Auszug aus Naekes programm über das erste und zweite buch der Ilias. 2—9 . . . einiges niedergeschrieben über Il. A $\varPi$ P $\varSigma$ als theile der Patrokleia. 10 Il. T gemustert. 12—16 Fortsetzung der Homerischen studien: Il. T und $\varPhi$, auch der anfang von $\varPsi$ untersucht. Mehrere blätter darüber geschrieben. 17—21 Weitere Homerica über $\varXi$ 1—150, $\varPsi$ bis 200; text über die tendenz jener einlagen in H $\varTheta$ A $\varXi$ O. 22—25 Il. $\varSigma$ in drei verschiedene bestandtheile zerlegt. 26. 27 Einige seiten text der litteraturgeschichte. Wolfs, Ritschls, Nitzsch's sätze über Peisistr. rec. geprüft, aus den schol. Ven. und andern quellen. 28. 29 In Il. $\varSigma$ und T viele iterata notiert. Nitzsch's Meletemata gelesen. Il. T und X noch genauer durchgesehn.

1842 jan. 1 Welckers ep. cyclus in den auf Homer bezüglichen theilen nochmals excerpiert. 2—4 Text über die geschichte des Homerischen epos bis Peisistratos. 5—8 Fortsetzung des textes der litteraturgesch. über aoeden, rhapsoden, schriftgebrauch, geburt Homers. 9—12 Zusammenstellung der gleichnisse in der Ilias A—Z, M—$\varPhi$ 300. 13—16 Untersuchung der vergleichungen und nachahmungen in I H $\varTheta$. 17—20 Nochmalige untersuchung von Il. A und $\varPi$ betreffend ihren ächten oder entlehnten inhalt. 21—26 Il. $\varPi$ und P untersucht. Es wurde mir in diesen tagen klar, dass schon dieser ältere bestandtheil der Patrokleia auf Od. α—ν gefolgt sein müsse. Aufstellung einer grossen menge von stellen, die aus Il. A—Z geflossen sind. 27—29 Il. M auf gleiche weise geprüft. 30. 31 Fortsetzung dieser prüfung in N $\varXi$ O. Viele nachweisungen der nachahmung von A—Z und A $\varPi$ P $\varSigma$.

Febr. 1 Beweise für die entstehung der $T\varepsilon\iota\chi o\mu\alpha\chi\iota\alpha$ aus der Patrokleia, sodann zusammenstellung der situationen, die aus A —Z auf A $\varPi$ P übergegangen sind. 2 Sammlung der imitationen der Odyssee α—ν in der Patrokleia. 3—7 Zusammenstellung der nachahmungen in Il. M N. 8—19 . . . Untersuchung der Od. ν und ξ. Jenes buch enthält meistens ächtes, aber von v. 404 an ist die interpolation nicht zu verkennen, die dem folgenden buch zu lieb gemacht wurde. Od. ξ ist offenbar schon den Hom.

nachahmungen zuzuzählen, wenn es auch spätern verfassern wieder
original war. 21—28 Text über Homer, ungefähr ein halber
bogen. Untersuchung von Od. o—χ.

März 1—4 Einiges zu Homer (über die Peisistratische
edition). Auch Il. Ψ Ω und Od. ψ ω. Über die zwei schluss-
gesänge der Iliade möchte behauptet werden können, dass sie
zur Achilleis wirklich gehören. 6 Bemerkung, dass Il. A nicht
aus zwei verschiedenen epen besteht, sondern nur von 430—496
ein fremdartiges stück eingeschoben ist. 9 Aus Nitzsch's Meletem.
II 14—52 benutzt die abschnitte über die cykliker. 10—14
Nachlese der reminiscenzen in Il. Ξ 150—O 200. Leutsch De
Thebaide cyclica excerpiert. 16—24 Il. O verglichen. 26. 27
Wiederholte lectüre der Odyssee α—μ incl. überzeugte mich von
der richtigkeit der schon in der Disp. de div. Hom. carm. orig.
gefassten ansicht, dass ι—μ der älteste theil der Od., α—δ aber
noch jünger als ε—ϑ sei. 28—31 Nachträgliche vergleichung
von Il. B 484—877 Z 119—236 Ξ 41—152, woraus der un-
werth des ersten und dritten stückes sich noch klarer heraus-
stellte. Il. Z 119—236 ist nach den besten theilen der Odyssee,
aber noch vor der Achilleis verfasst.

April 1—3 Kurze charakteristik der sechs ersten gesänge
der Ilias.

Mai 8—14 Nochmalige revision der citate zu Il. Σ T Υ
aus ältern rhapsodien. 15—24 Revision von Il. Φ X Ψ. 29
—31 Il. Ω mit nachweisungen verseln.

Juni 10—16 Text über Il. I, Π—Ω. Gegen ende Von
der Od. o—σ geprüft. Während des juli die Odyssee durchgenommen.

August 4—12 Die athetesen des Aristarch gesammelt, so
weit sie die Ilias betreffen, dann den 12 den anfang gemacht zu
einer Disp. de athetesibus Homericis. 13—21 Die plagia der
Il. Θ und H meistentheils gesammelt, einiges niedergeschrieben.
22—28 Die plagia der Il. A M Ξ gesammelt.

Sept. 5—7 Hom. plag. noch genauer eruiert und registriert.
14—17 Mehreres zum text der abhandlung gehörige skizziert.
Den plagia aus Il. H Θ Λ Ξ schliesst sich offenbar auch der
schiffskatalog an, der aus derselben fabrik hervorgieng. Verkehrt
ist die bisher gemachte unterscheidung des Achiververzeichnisses
von dem der Troianer. 18—23 Kataloge der ganz, zur hälfte
oder zum drittel entlehnten verse in den aufgeführten theilen.
Zu diesen scheint auch K zu gehören. Text darüber. Verzeichniss
der verkehrt wiederholten verse. Auch die diaskeuasen in der
Odyssee dürften von demselben verfasser herrühren. Wahrscheinlich ist darunter Od. ν 1—28 zu rechnen, indem die darstellung
des zweiten sängers (η 318) eine störung der tagesordnung er-

zeugt. Dann muss aber ϑ 417 δείλετο geschrieben werden. Die lücke zwischen ϑ und ν füllte ein kürzerer bericht über den νόστος aus und eine scene, in welcher die anwesenden ihre freude aussprachen, den gefeierten helden unter sich zu erblicken. Was der diaskeuast dafür gegeben hat, ist nur matt. 24—27 Der text der abhandlung grösstentheils niedergeschrieben. 28—30 Vollendung der (aus 5 bogen bestehenden) abhandlung [De interpolatore Homerico, die um mitte october in den druck gegeben und am 24 nov. fertig wurde; eine selbstanzeige wurde ende dec. aufgesetzt und ende jan. 1843 endgiltig redigiert].

1843 jan. 1. 2 Über Thebais, Epigonen und Kypria gelesen und ausgezogen zwei aufsätze von Welcker. 3—5 Prüfung des Homerischen hiatus in Il. A—Z und den zur Patrokleia gehörenden stücken, auch in T und dem Apollohymnus. 6—17 Neue für den druck bestimmte ausarbeitung des textes über epische poesie. 18—24 Welckers ep. cyclus, Hesiodische studien von Ranke und Markscheffel z. th. gelesen zum behuf der zu gebenden übersichten, welche ebenfalls niedergeschrieben wurden. 24—31 Die hiate in Ilias vollends ausgezogen mit. übergehung einiger einschiebsel und des interpolator.

1846 oct. 16. 17 Hesiods Theogonie nach Hermanns abhandlung überlesen. Zur überzeugung gelangt, dass in die Theog. an mehreren stellen eine Titanomachie eingelegt ist. 18—21 Mehreres über die Theogonie und die Ἔργα niedergeschrieben. 22—25 Homerisches zu Bernhardy [d. h. zur recension von B.'s gr. litt. gesch. II] niedergeschrieben.

1849 aug. 26—31. sept. 1—15 (studium und recension von Hoffmanns Quaestiones Homericae). Oct. 1—8 Odyssee geprüft nach Hoffmännischer norm α—ι. 8—31 Das heft über die metrik des epos umgearbeitet. Vorher Od. κ—ψ verglichen.

Oct. 1—31. nov. 9—16. dec. 1—1850 jan. 21 (studium und recension von Welckers Ep. cyclus bd. II).

1850 mai 11—22 Reinschrift der rec. von Hoffmanns Quaestiones.

1851 mai 1—10 Umarbeitung des heftes über epische poesie.

1852 oct. 6—15 Auszug aus Doederleins Hom. glossarium. Nov. 16—30 Die rec. von . . . Osanns Anecdoton Rom. und Schmitts abhandlung über ε 1—42 beendigt . . . endlich manches zu Homer (Il. Σ).

BEILAGE II

UBERSICHT ÜBER C. L. KAYSERS SCHRIFT-
STELLERISCHE THÄTIGKEIT [1]

I
AUSGABEN UND ABHANDLUNGEN

(In diesem verzeichnisse sind unter den jahren ihres erscheinens auch
die recensionen mit der nummer des zweiten verzeichnisses angegeben)

1831 Notae criticae in Philostrati vitas sophistarum
scripsit C. L. K. ph. d. Heidelbergae, sumtibus I. C. B. Mohr
bibliopolae academici. 54 s. und 1 blatt Corrigenda in 8.

1833 Theses quas iussu et auctoritate amplissimi philosophorum ordinis ad facultatem docendi in alma lit. universitate
Ruperto-Carolina rite obtinendam XIX die ianuarii MDCCCXXXIII
publice defensurus est C. L. K. Heidelbergae, typis G. Reichard
univ. typographi. 2 blätter 4, mit sieben thesen.
Rec. n. 58. 119.

1835 Disputatio de diversa Homericorum carminum
origine. Supplementum scholarum de poesi graeca in seminario
philologico habendarum semestri aestivo MDCCCXXXV. Heidelb.
sumptibus I. C. B. Mohr. 23 s. und ein blatt Corrigenda in 8.
(hier s. 27 ff.)

1836 Rec. n. 147.

1837 * Plutarchea [mittheilungen aus Cod. Palat. 283]
begonnen 15 nov. 1836 für die Zeitschr. f. d. alterthumsw., ab-
gesandt am 10 juli 1837, erschienen?? •
Rec. n. 115. •

1838 ΦΛΑΟΤΙΟΤ ΦΙΛΟΣΤΡΑΤΟΤ ΒΙΟΙ ΣΟΦΙΣΤΩΝ.
Flavii·Philostrati vitae sophistarum. textum ex codd. Ro-
manis .... recensuit, epitomam Romanam et Parisinam ineditas
adiecit, commentarium et indices concinnavit C. L. K. Insertae
sunt notae ineditae I. Casauboni, Bentleii ...., editae Valesii,
Olearii, Iacobsii, A. Iahnii. Accedit libellus Galeni περὶ ἀρίστης
διδασκαλίας ex cod. Florentino emendatus et qui vulgo inter
Lucianeos fertur Νέρων Philostrato vindicatus et ex cod.
Palatino correctus. Heidelbergae, sumptibus I. C. B. Mohr b. a.
1838. XLII und 416 p. in 8 (vorrede an F. Creuzer gerichtet).
Rec. n. 132.

1839 Acta seminarii philologici Heidelbergensis.
Fasc. I Sophoclis Aiax Electra Oedipus rex emendatae et illu-

---

1 Ein vorgesetzter stern soll dem benutzer sofort sagen, dass ich
die betreffende recension oder aufsatz nicht habe finden können, sieh s. XX.

stratae ex codicibus Palatinis XL et CCCLVI edidit C. L. K.
Heidelb., Mohr, 1839. VIII und 111 p. in 8 (enthält collationen
und bemerkungen von M. Fischer zum Ai., G. Zickendrath zur
El., F. Ebner zum OT., mit gelegentlichen anmerkungen K.'s,
zuletzt 103 ff. eine erörterung von E. Zachariae über das alter
der codd. Pal. 40. 356 und 129. — G. H. Moser in Ulm gewidmet).

Bemerkungen zu Th. Heyse's abh. 'über einige epochen im
leben des Herodes Atticus' in Zeitschrift f. d. alterthumsw. 1839
jahrg. VI n. 124 p. 995—7.

Rec. n. 76. 96. 97. 152.

1840 *ΦΙΛΟΣΤΡΑΤΟΣ ΠΕΡΙ ΓΥΜΝΑΣΤΙΚΗΣ.* Philo-
stratei libri de gymnastica quae supersunt nunc primum
edidit et interpretatus est C. L. K. Accedunt Marci Eugenici
imagines et epistolae nondum editae. Heidelbergae, sumptibus
I. C. B. Mohr b. ac. 1840. XVI und 192 p. 8.

Lectiones Pindaricae edidit C. L. K. Heidelbergae (wie
oben) 1840. IV und 99 p. 8.

Rec. n. 40. 41. 144.

1841 P. Hordeonius Lollianus geschildert nach einer
noch nicht herausgegebenen athenischen inschrift von C. L. K.
Heidelberg, im verlag von J. C. B. Mohr 1841. 14 s. in 4
(Fr. Creuzer zu dessen geburtsfest 10 märz 1841 gewidmet).

Rec. n. 57. 145.

1842 De interpolatore Homerico. Dissertatio quam
pro munere professoris publici extraordinarii in ordine philosophorum academiae Ruperto-Carolae rite suscipiendo scripsit
C. L. K. Heidelbergae, typis G. Reichardi 1842. 36 p. in 8
(hier s. 47 ff.).

Rec. n. 49. 56. 80.

1843 Rec. n. 60.

1844(—1846) *ΦΛΑΟΥΙΟΥ ΦΙΛΟΣΤΡΑΤΟΥ ΤΑ ΣΩΖΟ-
ΜΕΝΑ ΦΙΛΟΣΤΡΑΤΟΥ ΤΟΥ ΝΕΩΤΕΡΟΥ ΕΙΚΟΝΕΣ
ΚΑΛΛΙΣΤΡΑΤΟΥ ΕΚΦΡΑΣΕΙΣ.* Flavii Philostrati quae
supersunt, Philostrati iunioris imagines, Callistrati
descriptiones edidit C. L. K. Turici, sumtibus C. Meyeri et
Zelleri 1844. pp. X; XVI, XII, 449; 80; XXVI (indices und
corrigenda) in 4 (F. Jacobs gewidmet).

Viro clarissimo Friderico Creuzer . . . qui ante hos quadra-
ginta annos in hac universitate munus professoris p. o. suscepit,
octo lustra feliciter peracta ex animi sententia gratulatur C. L. K.
professor. Pridie non. april. 1844. Agitur de pinacotheca quadam Neapolitana. Heidelb., sumtibus I. C. B. Mohr bibl. acad.
pp. II und 8 in 4.

Rec. n. 44. 79. 77.

c*

1845 Rec. n. 38. 94.

1846 Rec. n. 12. 94. 100.

1847 Beiträge zur kritik des Pausanias [I Archaeologisches, II Epigramme und orakel] im Rheinischen museum n. f. V p. 347 bis 368.

*Lebensskizze des musikers C. J. Vollweiler († 17 nov. 1847).[1] Rec. n. 18. 89. 128. 138. 139. 141.

1848(—**1850**) Zur kritik des Pausanias. Zeitschr. f. d. alterthumsw. 1848 jahrg. VI n. 62—64. 125—126. 135—138. 1849 jahrg. VII n. 37—38. 1850 jahrg. VIII n. 49—50.

Rec. n. 47. 50. 82. 134. 151.

1849 Beiträge zur erklärung und kritik des Sextus Empiricus [hauptsächlich der Hypotypösen]. Philologus b. IV p. 48 bis 77.

Rec. n. 10. 32. 35. 63. 91. 103. 106. 136. 142. 154. 155 (die nummern 142. 63. 155. 136. 32 sind in dieser reihenfolge in einer rec. zusammengefasst als stücke der 'Göttinger studien', mit n. 10 als anhang).

1850 Zur kritik des Euripides [der fragmente]. Rheinisches museum b. VII p. 117—129.

Über Sextus Empirikus schrift Πρὸς λογικούς. Rhein. mus. VII p. 161—190.

Rec. n. 5. 45. 55. 59. 103. 120. 126. 153.

1851 Marius Victorinus und Cicero de inventione. Philologus b. VI p. 706—718.

Rec. n. 21. 29. 73. 104. 107. 114. 156.

1852 Rec. n. 19. 81. 114. 129.

1853 Rec. n. 2. 48. 61. 62. 64. 127.

1854 Cornifici rhetoricorum ad C. Herennium libri IV recensuit et interpretatus est C. L. K. Lipsiae, sumptibus et typis B. G. Teubneri. XXX und 328 p. in 8 ['Leonardo Spengelio amico unice caro' gewidmet].

Rec. n. 8. 13. 33. 88. 52. 83. 90. 103. 108. 114. 116.

1855 Rec. n. 7. 24. 27. 74. 112. 114. 137. 149.

1856 Rec. n. 24. 72. 86. 109. 123. 135. 156.

1857 Zu Cornificius. Philologus b. XII p. 271—279.

Antiphons Tetralogien. Rhein. mus. XII p. 224—240.

Rec. n. 3. 34. 37. 46.

1858 Hypereides' leichenrede [verbesserter textabdruck mit angeknüpften betrachtungen]. Fleckeisens jahrb. b. 77, 369—383.

Rec. n. 16. 65 und 66. 68. 118.

---

1 In welcher zeitung dieser nekrolog erschien, habe ich nicht ermitteln können. In der Frankfurter Didaskalia, an die man am ersten denken musste, steht er nicht; vermuthlich in einer Mannheimer zeitung.

1859 Rec. n. 1. 20. 22. 37. 39.

1860(—1869) M. Tullii Ciceronis opera quae supersunt omnia ediderunt I. G. Baiter C. L. Kayser. Editio stereotypa ex officina Bernhardi Tauchnitz, Lipsiae 1860—1869. XI voll. — Von K.'s hand sind vol. I—V d. h. Opera rhetorica I (L und 208 p.). II (XXVIII und 396 p.) 1860 und Orationes I (XXV und 426 p.) 1861. II (XLII und 450 p.) 1862. III (XLII und 473 p.) 1862; ausserdem in vol. XI 1869 Orationum fragmenta et orationes supposticiae p. V—IX, 1—38, 147—164.

Rec. n. 25. 111. 121. 122. 125.

1861 Beiträge zur kritik des Antiphon, Andokides und Anaximenes. Rhein. mus. XVI p. 62—81.

Rec. n. 26. 30. 70. 78. 140. 157.

1862 Rec. n. 67. 71.

1863 Rec. n. 6. 9. 42. 51. 53. 110. 117. 143. 146.

1864 Bemerkungen zum Gymnastikos des Philostratos. Philologus b. XXI p. 226—245. 395—405.

Über aufführung der oratorien Haendels. Allgem. musikal. zeitung n. f. jahrg. II n. 21 p. 361—3.

Rec. n. 36. 75. 101.

1865 Heidelberger philologen im sechzehnten jahrhundert. in der Festschrift zur begrüssung der XXIVten versammlung deutscher philologen und schulmänner veröffentlicht von dem historisch-philosophischen vereine zu Heidelberg. Leipz. 1865 in 8. p. 135—147.

Rec. n. 15. 98.

1866 Rec. n. 42. 84. 86. 87. 113.

1867 Piccini's Dido und Gluck's Orpheus [im anschluss an die Leipz. 1866 erschienene partiturausgabe des Orpheus]. Leipz. allgem. musikal. zeitung jahrg. II n. 10. 11 p. 77 ff.

Rec. n. 124. 131. 133. 148.

1868 Rec. n. 42. 43. 69. 99.

1869 Ueber Rich. Wagner's behandlung einer Gluck'schen oper. Allgem. musikal. zeitung jahrg. IV n. 9 p. 65—7.

Rec. n. 14. 23. 31. 54. 105.

1870(—1871) Flavii Philostrati opera auctiora edidit C. L. K. Accedunt Apollonii epistolae, Eusebius adversus Hieroclem, Philostrati iunioris imagines, Callistrati descriptiones. Lipsiae, in aedibus B. G. Teubneri. vol. I 1870 (XXXVIII und 413 p.). II 1871 (LII und 551 p.) in 8.

Haendel's Passion. Allgem. musikal. zeitung jahrg. V n. 31 p. 241—3 (vgl. p. 263. 307 f.).

Rec. n. 4. 11. 17. 28. 42. 102. 150.

1872 Rec. n. 85. 95. 130.

1875 Vortrag über Pindar (gehalten in der philosophisch-historischen gesellschaft zu Heidelberg [am 6 juni 1864]). postum erschienen in H. Masius' jahrbüchern für philologie und pädagogik b. 112, 530—542.

II

RECENSIONEN UND ANZEIGEN

a) von bearbeitungen classischer schriftsteller

1. Aelianus, Porphyrius, Philo de VII orbis spectaculis recogn. R. Hercher. Par. 1858: Fleckeisens jahrbücher 1859 band 79 p. 678—704.

2. Aeschyli tragoediae rec. God. Hermannus. Lips. 1852. II voll.: Münchener Gel. anzeigen 1853 b. XXXVII n. 61—67.

3. Aeschylos Agamemnon erkl. v. F. W. Schneidewin. Berl. 1856: Münchener Gel. anz. 1857 b. XLIV n. 65—68.

4. Die Schutzflehenden des Aeschylus nebst einleitung und commentar von J. Oberdick. Berlin 1869: Heidelberger jahrbücher der literatur 1870 n. 37 p. 577—591.

5. F. Thiersch, De locis quibusdam Aeschyli lacunosis cett. München 1846: Heidelb. jahrb. 1850 n. 45 p. 716—720.

6. E. Martin, De responsionibus diverbii apud Aeschylum. Berl. diss. 1862: Heidelb. jahrb. 1863 n. 38 f. p. 607—610.

7. E. Wunder, De Aeschyli Eumenidibus commentatio critica et exegetica. Grimae 1854. 4: Münchener Gel. anz. 1855 b. XL n. 10—12 p. 77—91.

8. Alciphronis epistolae editae ab A. Meinekio. Lips. 1853: Münchn. Gel. anz. 1854 b. XXXVIII n. 52—54.

Anaximenes sieh unter Rhetores.

9. Anthologie. O. Benndorf, De anthologiae graecae epigrammatis quae ad artes spectant. Bonn. diss. 1862: Heidelb. jahrb. 1863 n. 39 p. 610—614.

10. Antiochos. Eble, Über den Sosus des Antiochus von Askalon. Offenburg 1847: Münchn. Gel. anz. 1849 b. XXVIII n. 93 p. 766—8.

11. Aristonici περὶ σημείων Ὀδυσσείας reliquiae emendatiores ed. O. Carnuth. Lips. 1869: Heidelb. jahrb. 1870 n. 27 f. p. 429—436.

12. Aristophanis Ranae emend. et interpretatus est F. V. Fritzschius. Turici 1845 und

Aristophanis comoediae ex rec. R. Enger. I Lysistrata, II Thesmophor. Bonn 1844: Münchn. Gel. anz. 1846 b. XXIII n. 133—137 p. 37 ff.

13. Ausgewählte komödien des Aristophanes erkl. v. Th. Kock. I Wolken, II Ritter. Leipz. 1852 f. und

Aristophanis comoediae ed. Th. Bergk. Lips. 1852. II voll.: Münchn. Gel. anz. 1854 b. XXXIX n. 18—23.

14. Aristophanis Plutus ed. N. I. B. Kappeyne van de Coppello. Amstelod. 1867: Heidelb. jahrb. 1869 n. 22 p. 342—350.

Aristophanes von Byzanz s. n. 126.

15. Aristotelis de anima libri III rec. A. Torstrik. Berol. 1862: Fleckeisens jahrb. 1865 b. 91, 147—161.

16. J. Bernays, Grundzüge der verloreuen abhandlung des Aristoteles über wirkung der tragoedie. Breslau 1857: Fleckeisens jahrb. 1858 b. 77, 472—6.

17. Aristotelis ars rhetorica cum adnotatione Leonardi Spengel. Lips. 1867. II voll: Fleckeisens jahrb. 1870 b. 101, 1—17.

Bakchcios s. musici.

18. Βιογράφοι. Vitarum scriptores graeci minores ed. A. Westermann. Brunsv. 1845: Neue Jenaische allgem. literaturzeitung 1847 jahrg. VI n. 132 p. 528 — n. 134. 136—138 (vgl. Didymus).

Caecilius s. n. 110.

19. M. Tullii Ciceronis scripta recogn. R. Klotz. I, 1 |(ad Herennium und de invent.) Lips. 1851: Münchener Gel. anz. 1852 b. XXXIV n. 59—62.

20. Cicero de oratore für den schulgebrauch erkl. v. K. W. Piderit. Leipz. 1859: Münchn. Gel. anz. 1859 b. XLIX n. 38—41.

21. Ciceros Brutus erkl. von O. Jahn. Leipz. 1849 und Cic. Orator- erkl. v. Jahn. ebd. 1851: Münchener Gel. anz. 1851 b. XXXIII n. 48—51. 54 p. 439 f.

22. 'Zur litteratur von Ciceros rhetorischen schriften' (rec. von 8 erscheinungen der jahre 1853—9) in Fleckeisens jahrb. 1859 b. 79, 487—503. 838—863.

23. F. Bader, De Ciceronis rhetoricorum libris. Greifswald. diss. 1869: Heidelb. jahrb. 1869 n. 41 p. 647—651.

24. M. Tullii Cic. opera ex rec. I. C. Orellii, editio altera emendatior Baiteri et Halmii. vol. II, 1 Turici 1854: Münchn. Gel. anz. 1855 b. XLI n. 7—13 und 1856 b. XLII n. 10—13.

25. 'Zur litteratur' von C. reden'. (rec. v.) M. T. C. or. pro Murena rec. A. W. Zumptius. Berol. 1859 und den arbeiten von Rinkes, Boot und Epkema über or. I in Catilinam: Fleckeisens jahrb. 1860 b. 81, 768—787.

26. M. Tullii Cic. orationes tres de lege agraria rec. et expl. A. W. Zumptius. Berol. 1861: Heidelb. jahrb. 1861 n. 39 f. p. 609—630.

27. C. Halm, Über Ciceros rede pro C. Rabirio Postumo. München 1855: Fleckeisens jahrb. 1855 b. 71, 647—654.

28. Guil. Oetling, Librorum mscr. qui Cic. orationem pro Caelio continent, qualis sit condicio. Göttinger preisschr. 1868 und

H. Wrampelmeyer, Librorum mscr. qui Cic. orr. p. Sestio et p. Caelio continent, ratio qualis sit. (Gött. diss.) Detmold 1868: Heidelb. jahrb. 1870 n. 27 p. 417—429.

29. F. L. Keller, Semestrium ad M. T. C. libri VI. vol. I Turici 1842—51: Heidelb. jahrb. 1851 n. 43 f. p. 676—692.

30. B. Nake, Historia critica M. T. C. epistularum. Bonn. diss. 1861: Heidelb. jahrb. 1861 n. 40 p. 630—2.

31. J. Krauss, M. T. C. epistularum emendationes. Lips. 1869: Heidelb. jahrb. 1869 n. 41 p. 651—4.

32. A. B. Krische, Über Ciceros Akademika. Gött. 1847: Münchn. Gel. anz. 1849 b. XXVIII n. 92 f. p. 758—760. 763—6.

Comici s. komiker.

33. Cornificius ed. Kayser (oben I): selbstanzeige in Heidelb. jahrb. 1854 n. 26 p. 411—4.

34. Demosthenis contiones rec. I. Th. Voemelius. Halis Sax. 1857: Münchn. Gel. anz. 1857 b. XLV n. 51—54.

35. Dem. Olynthiacae tres, Philippica prima et de pace ed. C. A. Roediger. Lips. 1848: Münchn. Gel. anz. 1849 b. XXIX n. 223—226.

36. Dem. orr. contra Aeschinem de corona et de falsa legatione rec. I. Th. Voemelius. Lips. 1862: Eos 1864 b. 1 p. 298—309. (vgl. n. 150).

37. A. Schaefer, Demosthenes und seine zeit. I—II Leipz. 1856. III 1858: Münchn. Gel. anz. 1857 b. XLIV n. 14—18 und 1859 b. XLIX n. 7—12.

Didymi Chalcenteri opuscula ed. F. Ritter. Coloniae 1845: N. Jen. literatur-zeit. 1847 jahrg. VI n. 132 ff. zusammen mit n. 18.

38. Dionis Chrysostomi opera e rec. A. Emperii. Brunsv. 1844: Münchn. Gel. anz. 1845 b. XXI n. 212—216.

39. Dionis Chrys. orationes recogn. L. Dindorfius. Lips. 1857. II voll.: Münchn. Gel. anz. 1859 b. XLVIII n. 20—22.

40. Dionis Chrys. Ὀλυμπικός rec. et expl. I. Geelius. Lugd. Bat. 1840: Münchn. Gel. anz. 1840 b. XI n. 140—142.

41. I. Geel, Lettre à M. Hase sur le discours de Dion Chrys. intitulé éloge de la chevelure. Leyde 1839: Zeitschr. f. d. alterthumsw. 1840 b. VII n. 72. 73 p. 590—9.

42. Dionysii Halic. antiquitatum Romanarum quae supersunt rec. A. Kiessling. Lips. 1860—1870. IV voll.: Fleckeisens jahrb. 1863 b. 87, 1—11. 1866 b. 93, 35—47. 1868 b. 97, 805—817. 1870 b. 101, 713—728.

43. A. Kiessling, Zur kritik der Röm. archaeologie des Dion. v. Hal. Basel 1868. 4: Heidelb. jahrb. 1868 n. 43 p. 673—9.

Dionysios der hymnograph s. n. 80.

44. Dithyrambendichter. Philoxeni Timothei Telestis dithyrambographorum reliquiae ed. G. Bippart. Lips. 1843: Münchn. Gel. anz. 1844 b. XIX n. 138.

45. Epicedion Drusi cum commentariis M. Hauptii. Lips. 1850: Münchn. Gel. anz. 1850 b. XXXI n. 62 und 63 p. 511 f.

46. Euripidis tragoediae ex. rec. A. Kirchhoffii. Berol. 1855. II voll. und

Euripidis trag. ex rec. A. Nauckii. Lips. 1854. II voll.: Fleckeisens jahrb. 1857 b. 75, 113—135. 455—477.

47. Euripidis fabulae recogn. Th. Fix. Par. 1848.

Fragmenta Euripidis iterum ed. F. G. Wagner. Par. 1846.

Euripidis Phoenissae ed. I. Geelius Lugd. Bat. 1846.

G. Hermann, De quibusdam locis Eurip. Troadum dissertatio. Lips. 1847: zusammen in Wiener jahrbb. der literatur 1848 b. 123 p. 54—105 (s. auch n. 115).

48. Ausgewählte tragoedien des Eur. erkl. v. F. G. Schoene. I Leipz. 1851: Heidelb. jahrb. 1853 n. 13 f. p. 200—216.

49. Euripidis Medea recogn. A. Witzschel. Lips. 1841: Münchn. Gel. anz. 1842 b. XIV n. 74 f. p. 593—608.

50. Eur. Trojerinnen griech. mit metr. übersetzung usw. von J. A. Hartung. Leipz. 1848 (zugleich G. Hermanns abh., s. oben n. 47): Münchn. Gel. anz. 1848 b. XXVII n. 206—208.

51. H. Hirzel, De Euripidis in conponendis diverbiis arte. Bonn. diss. 1862: Heidelb. jahrb. 1863 n. 15 p. 231—7.

52. A. Gellii noctes Atticae ex rec. Martini Hertz. Lips. 1853. II voll. und

A. Fleckeisen, Zur kritik der altlateinischen dichterfragmente bei Gellius. Leipz. 1854: Münchn. Gel. anz. 1854 b. XXXIX n. 9.

53. Hekataios. H. Hollander, De Hecataei Milesii descriptione terrae. Bonn. diss. 1861: Heidelb. jahrb. 1863 n. 38 p. 606 f.

54. Ἡλιοδώρου Ἀριστοφάνειος κωλομετρία. diss. inaug. quam ... defendet C. Thiemann. Halle 1868 und

Heliodori colometriae Aristophaneae quantum superest ... ed. C. Thiemann. Hal. 1869: Heidelb. jahrb. 1869 n. 41 p. 641—7.

55. Herodiani scripta tria emendatiora ed. K. Lehrs. Regimont. 1848: Münchn. Gel. anz. 1850 b. XXX n. 26. 27.

56. Hesiodos. O. F. Gruppe, Über die Theogonie des Hesiod. Berl. 1841: Wiener jahrbb. 1842 b. 99 p. 156—178.

57. Homer. C. E. Geppert, Über den ursprung der Homerischen gesänge. Leipz. 1840. II theile: Münchn. Gel. anz. 1841 b. XIII n. 224 f.

58. *G. W. Nitzsch, Erklärende anmerkungen zu H.'s Odyssee. b. II Hannover 1831. [geschrieben juni 1833, s. oben s. XXIX, handschriftlich erhalten s. s. VI, wahrscheinlich nie gedruckt s. s. VII.]

59. C. A. I. Hoffmann, Quaestiones Homericae. Clausthal 1847 f. II voll.: München. Gel. anz. 1850 b. XXXI n. 63—65 (sieh s. 87 ff.).

60. Kayser, De interpolatore Hom.: selbstanzeige Heidelb. jahrb. 1843 n. 19 p. 294.

61. I. C. Schmitt, De secundo in Odyssea (ε 1—42) deorum concilio interpolato eoque centone commentatio. Friburgi Brisgav. 1852: Heidelb. jahrb. 1853 n. 10 p. 155 f.

62. G. G. Pluygers, De carminum Homericorum veterumque in ea scholiorum . . . retractanda editione. Lugd. Bat. 1847.

ders., De Zenodoti carminum Homericorum editione. ebd.

F. Osann, Anecdotum Romanum de notis veterum criticis. Gissae 1851.

ders., Quaestionum Homericarum part. I. II Gissae 1851 f.: zusammen München. Gel. anz. 1853 b. XXXVI n. 42. 43.

63. F. W. Schneidewin, Die Homerischen hymnen auf Apollon. Gött. 1847: München. Gel. anz. 1849 b. XXVIII n. 89. 90 p. 731 ff. [vgl. oben s. XXXVI unter 1849].

64. Hypereides. The orations of Hyperides for Lycophron and for Euxenippus, now first printed . . . by the Rev. Ch. Babington. Cambridge 1853 und

Hyperidis orationes duae . . . emend. F. G. Schneidewin. Gött. 1853: Heidelb. jahrb. 1853 n. 41 p. 641—656.

65. Hyp. or. pro Euxenippo et or. pro Lycophrone fragmenta ed. I. Caesar. Marburgi 1857: Fleckeisens jahrb. 1858 b. 77 p. 124—6.

66. Hyp. or. pro Euxenippo recogn. C. G. Linder. Vpsaliae 1856: ebend. 1858 b. 77 p. 117—124.

Hyperidea in 'Oratores Attici' vol. II Paris. (Didot) 1858: Heidelb. jahrb. 1858 n. 36 p. 571—3 (mit n. 68).

67. L'Euxenippea d'Iperide pubblicata da Domenico Comparetti. Pisa 1861: Heidelb. jahrb. 1862 n. 14 p. 212—7.

68. The funeral oration of Hyperides . . ., the fragments of the Greek text now first edited . . . by Ch. Babington. Cambridge 1858: Heidelb. jahrb. 1858 n. 36 p. 561—571 (vgl. Fleckeisens jahrb. 1858 b. 77, 369 ff., oben I).

69. Il discorso d'Iperide pei morti nella guerra Lamiaca pubblicato da D. Comparetti. Pisa 1864 und

Recension nouvelle du texte de l'oraison funèbre d'Hypéride et examen de l'édition de m. Comparetti par H. Caffiaux. Par. 1866 (extr. de la Revue archéol.): Heidelb. jahrb. 1868 n. 16 p. 241—255.

70. Ioannes Stobaeus. O. Bernhardt, Quaestiones Stobenses. Bonn. diss. 1861: Heidelb. jahrb. 1861 n. 40 p. 636 f.

71. Isaei orationes ed. C. Scheibe. Lips. 1860: Heidelb. jahrb. 1862 n. 13 f. p. 193—212.

72. **Isocratis** orationes ed. G. E. Benseler. Lips. 1851.
II voll. (zugleich n. 74): Fleckeisens jahrb. 1856 b. 73, 356
—377.

73. **Ausgewählte reden des Isokr.** erkl. v. R. Rauchenstein.
Leipz. 1849: Münchn. Gel. anz. 1851 b. XXXII n. 23 f.

74. dasselbe, II aufl. 1855: Heidelb. jahrb. 1855 n. 39
p. 613—621 (und zusammen mit n. 72 aao.).

75. W. Oncken, **Isokrates und Athen.** Heidelb. 1862: Fleckeisens jahrb. 1864 b. 89, 566—8.

76. **Komiker.** Th. Bergk, Commentationum de reliquiis
comoediae Atticae antiquae libri duo. Lips. 1838: Münchn. Gel.
anz. 1839 b. IX n. 201—2. (s. auch n. 140).

77. C. G. Cobet, Observationes criticae in Platonis comici
reliquias. Amstelod. 1841: Heidelb. jahrb. 1844 n. 9 p. 131—4.

78. **Livius.** I. N. Madvigii Emendationes Livianae. Havniae
1860 und

A. Koch, Emendationes Livianae. Brandenb. 1860: Heidelb.
jahrb. 1861 n. 16—18 p. 249—288.

79. **Poetae lyrici graeci** ed. Th. Bergk. Lips. 1843:
Heidelb. jahrb. 1844 n. 6 f. p. 92—103.

80. **Die hymnen des Dionysius und Mesomedes.** Text und
melodien ... bearbeitet von F. Bellermann. Berl. 1841: Heidelb.
jahrb. 1842 n. 9 p. 137—9 (s. unten Musici).

S. dithyrambendichter.

81. **Lysiae** orationes ed. C. Scheibe. Lips. 1852 und

C. Scheibe, Emendationum Lysiacarum fasciculus. Neustrelitz
1852: Münchn. Gel. anz. 1852 b. XXXV n. 48—51.

82. **Ausgewählte reden des Lysias** erkl. v. R. Rauchenstein.
Leipz. 1848: Münchn. Gel. anz. 1848 b. XXVII n. 223—4.

83. dasselbe, II aufl. 1853: Heidelb jahrb. 1854 n. 14 f.
p. 223—236.

84. **Ausgewählte reden des Lysias** f. d. schulgebrauch erkl.
v. H. Frohberger. I. Leipz. 1866: Heidelb. jahrb. 1866 n. 49 f.
p. 769—788.

85. 'Zur litteratur des Lysias' (rec. v.) Lys. ausgew. reden
erkl. von Rauchenstein. Vte aufl. 1869 und von Frohberger, I—
III. Leipz. 1866—71: Fleckeisens jahrb. 1872 b. 105, 247—263.

86. **Jahresberichte über Lysias** im Philologus 1856 b. XI
p. 151—167 und 1866 b. XXV p. 302—336.

87. C. M. Francken, Commentationes Lysiacae. Utrecht 1865:
Heidelb. jahrb. 1866 n. 19 p. 289—303.

88. **Macrobii** opera ed. L. Ianus. Quedlinb. et Lips. 1852.
II voll.: Münchn. Gel. anz. 1854 b. XXXIX n. 8 (mit n. 52).

Mesomedes s. n. 80.

Musici. Ἀνωνύμου σύγγραμμα περὶ μουσικῆς. Βακχείου τοῦ

γέροντος εἰσαγωγὴ τέχνης μουσικῆς ed. F. Bellermann. Berol. 1841: Heidelb. jahrb. 1842 n. 9 p. 139 f. (mit n. 80).

89. Pausaniae descriptio Graeciae recogn. L. Dindorfius. Par. 1845: Münchn. Gel. anz. 1847 b. XXIV n. 39. 40. 43 (mit Goettling, narratio usw. und Wieseler, Delph. Athene).

90. Pausaniae descriptio Graeciae recogn. I. II. Chr. Schubart. II voll. Lips. 1853 f.: Jahns jahrb. 1854 b. 70 p. 412—434.

91. Philostratorum et Callistrati opera recogn. A. Westermann. Par. 1849: Heidelb. jahrb. 1849 n. 58 f. p. 922—936.

92. Philostrati vitae sophistarum ed. Kayser: selbstanzeige Heidelb. jahrb. 1838 n. 55 p. 874—880.

93. Phil. de gymnastica ed. Kayser: selbstanzeige Heidelb. jahrb. 1840 n. 33 f. p. 528—530.

94. Fl. Philostrati quae supersunt cett. ed. Kayser: selbstanzeige Heidelb. jahrb. 1845 n. 19 p. 297 f. 1846 n. 49 p. 774 f.

95. desgl. textausgabe bei Teubner (oben unter J): selbstanzeige Heidelb. jahrb. 1872 n. 2 p. 24 f.

96. *Antikritik [gegen eine recension Bernhardy's]: apr. 1839 geschrieben, am 10. mai desselben j. neu redigiert, erschienen ??

97. A. Jahn, Symbolae ad emendandum et illustrandum Philostrati librum de vitis sophistarum. Bernae 1837: Zeitschr. f. d. alterthumsw. 1839 jahrg. VI n. 27 f. p. 211—219.

98. Pindari carmina rec. T. Mommsen. Berol. 1864 nebst dess. Annotationis criticae supplementum. ebd.: Heidelb. jahrb. 1865 n. 32 f. p. 497—514.

99. C. F. Schnitzer, De Pindaro nuperrime emendato. Ellwangen 1867: Heidelb. jahrb. 1868 n. 3 p. 34—48.

100. T. Mommsen, Pindaros. Kiel 1845.

R. Rauchenstein, Zur einleitung in Pindars siegeslieder. Aarau 1843.

und dess. Commentationum Pindaricarum particula I. II. Aaroviae 1844—5: zusammen Neue Jenaische allg. litteraturzeitung 1846 jahrg. V n. 287 p. 1145—8.

101. L. Schmidt, Pindars leben und dichtung. Bonn 1862: Eos 1864 b. 1 p. 577—592.

102. Platon. H. Schmidt, Platons Kratylus . . . erläutert. Halle 1869: Heidelberger jahrb. 1870 n. 2 p. 26—32.

(vgl. n. 150).

Platon kom. s. u. 77.

103. T. Macci Plauti comoediae ex rec. F. Ritschelii. t. I Bonnae 1848 f. II 1850—2: Heidelb. jahrb. 1849 n. 22—24 p. 346—377. 1850 n. 37—9 p. 592—616. 1854 n. 26 f. p. 414—426.

104. Plauti comoediae ex recogn. A. Fleckeiseni. II voll. Lips. 1850 f.: Münchn. Gel. anz. 1851 b. XXXIII n. 91—93.

105. Ausgewählte komoedien des Plautus erkl. v. A. O. F. Lorenz. III (Miles glor.) Berl. 1869: Heidelb. jahrb. 1869 n. 21 f. p. 321—342.

106. E. Geppert, Über den codex Ambrosianus und seinen einfluss auf die Plautinische kritik. Leipz. 1847: München. Gel. anz. 1849 b. XXVIII n. 29—32.

107. Redner. A. Westermann, Untersuchungen über die in die attischen redner eingelegten urkunden. Leipz. 1850 und dess. Commentationum criticarum in sriptores graecos pars II. Lips. 1850: Heidelb. jahrb. 1851 n. 42 f. p. 664—676.

s. Demosthenes, Hypercides usw.

108. Rhetores graeci ex recogn. Leonardi Spengel. I. Lips. 1853 (zugleich Bernhardt, griech. periode): Jahns jahrb. 1854 b. 70 p. 271—296.

109. H. Usener, Quaestiones Anaximeneae. Göttingen 1856: Zeitschr. f. d. alterthumsw. 1856 jahrg. XIV n. 31 f. p. 241—252.

110. Caecilii rhetoris fragmenta coll. Th. Burckhardt. diss. Basel 1863: Heidelb. jahrb. 1863 n. 39 p. 614 f.

111. L. Vaucher, Etudes critiques sur le traité du Sublime. Par. 1854: Heidelb. jahrb. 1860 n. 8 f. p. 113—130.

112. Chr. Eb. Finckh, De incerti auctoris artis rhetoricae post Segucrium a L. Spengelio editae locis aliquot emendandis. Heilbronn 1854: München. Gel. anz. 1855 b. XLI n. 1 f. p. 1—13.

113. R. Volkmann, Hermagoras oder elemente der rhetorik. Stettin 1865: Fleckeisens jahrb. 1866 b. 93, 837—851.

114. Sophokles erkl. von F. W. Schneidewin. I (Aias, Philokt.) Leipz. 1849. II und III (Oed. T. und K.) 1851. IV (Antig.) 2te aufl. 1854 und V (Elektra) 1853. VI (Trach.) 1854: Jahn-Fleckeisens jahrb. 1851 b. 63, 1—24. 1852 b. 65, 6—33. 1854 b. 69, 492—511. 1855 b. 71, 228—246.

Schneidewin, Über die Trachinierinnen des Soph. Goett. 1854 (zusammen mit n. 114 heft VI): Fleckeisens jahrb. 1855 b. 71, 228 ff.

115. *A. Sander, Beiträge zur kritik und erklärung der griech. dramatiker. I. heft: Sophokles und Euripides. Hildesheim 1837: rec. begonnen am 16 juli, abgesendet 21 sept. 1837, erschien wo?

116. Strabonis geographica rec. A. Meineke. III voll. Lips. 1853 mit

A. Meineke, Vindiciarum Strabonianarum liber. Berol. 1852: Jahns jahrb. 1854 b. 69, 258—273.

117. Suidas. D. Volkmann, De Suidae biographicis. Bonn. diss. 1861: Heidelb. jahrb. 1863 n. 38 p. 604—6.

118. P. Terenti comoediae rec. A. Fleckeisen. Lips. 1857: München. Gel. anz. 1858 b. XLVII n. 35—40.

119. *Terenti Andria ex rec. Fr. Ritteri. Berol. 1833: rec. abgefasst 4—17 nov. 1833, erschienen ??

120. Theokritos. P. E. Greverus, Zur würdigung, erklärung und kritik der idyllen Theokrits. 2e aufl. Oldenburg 1850 und G. Hermann, De arte poesis Graecorum bucolicae. Lips. 1849: Münchn. Gel. anz. 1850 b. XXX n. 54—57.

121. Theophrasti characteros ed. E. Petersen. Lips. 1859 mit F. Hanow, De Theophrasti characterum libello. Bonn. diss. 1858 und dess. In Theophrasti charact. symbolae criticae. Lips. 1860: Heidelb. jahrb. 1860 n. 39 p. 610—623.

122. Timon. C. Wachsmuth, De Timone Phliasio. Lips. 1859: Heidelb. jahrb. 1860 n. 39 p. 623 f.

Tragiker s. n. 115. 140.

123. A. Nauck, De tragicorum gr. fragmentis observationes criticae. Berol. 1855: Fleckeisens jahrb. 1856 b. 71, 228—236.

124. Valerius Flaccus. G. Meyncke, Quaestiones Valerianae. Bonn. diss. 1865: Heidelb. jahrb. 1867 n. 42 p. 657 —663.

125. Varro. I. Vahleni in M. Terentii Varronis saturarum Menippearum reliquias coniectanea. Lips. 1858: Heidelb. jahrb. 1860 n. 16 p. 241—252.

126. Zenodotos. H. Düntzer, De Zenodoti studiis Homericis. Goett. 1848.

mit A. Nauck, Aristophanis Byzantii gramm. Alexandrini fragmenta. Hal. 1848: Münchn. Gel. anz. 1850 b. XXX n. 37—39.

b) von neueren werken über zweige der philologie und geschichte der musik

127. I. Bakius, Scholica hypomnemata. vol. IV. Lugd. B. 1852: Heidelb. jahrb. 1853 n. 24 f. p. 384—397.

E. Bernhardt, Begriff und grundform der griechischen periode. Wiesbaden 1854 progr. (zusammen mit n. 108): Jahns jahrb. 1854 b. 70, 278 f.

128. G. Bernhardy, Grundriss der griechischen litteratur. IIr theil: geschichte der gr. poesie. Halle 1845: Wiener jahrb. 1847 b. 117, 30—58. 118, 117—144.

129. ders., Grundriss der römischen litteratur. 2te bearbeitung. Halle 1850: Münchn. Gel. anz. 1852 b. XXXV n. 60—66.

130. C. H. Bitter, Beiträge zur geschichte des oratoriums. Berl. 1872: Allgem. musikalische zeitung 1872 jahrg. VII n. 3 p. 46—50. n. 4 p. 60—66.

131. F. Blass, Die griechische beredsamkeit in dem zeitraum von Alexander bis auf Augustus. Berl. 1865: Fleckeisens jahrb. 1867 b. 95, 251—260.

132. *G. H. Bode, Geschichte der hellenischen dichtkunst. Band II, 1. 2 (lyrik). Lpz. 1838: rec. 20 juni bis 8 juli 1838 geschrieben, erschienen ??

C. Bötticher, Der hypaethraltempel s. n. 141.

133. F. Chrysander, G. F. Haendel. 2 bde. Lpzg. 1858—67: Leipz. allgem. musikal. zeitung 1867 jahrg. II n. 34—36 p. 269 ff.

134. C. G. Cobet, Oratio de arte interpretandi grammatices et critices fundamentis innixa. Lugd. B. 1847: N. Jen. allgem. literaturzeitung 1848 jahrg. VII n. 66—68 p. 262—270.

135. ders., Variae lectiones. Lugd. B. 1854: Fleckeisens jahrb. 1856 b. 73 p. 100—116. 162—177.

136. A. Ellissen, Zur geschichte Athens nach dem verluste seiner selbständigkeit. Göttingen 1847: München. Gel. anz. 1849 b. XXVIII n. 91—92 p. 748—758.

137. P. Forchhammer, Topographia Thebarum. Kiliae 1854: München. Gel. anz. 1855 b. XL n. 14.

138. C. Fortlage, Das musikalische system der Griechen in seiner urgestalt. Leipz. 1847: München. Gel. anz. 1847 b. XXV n. 135. 136.

C. Goettling, narratio de Chaeronea atque praesertim de leone Chaeronensis pugnae monumento. Ienae 1846: München. Gel. anz. 1847 n. 43 p. 351 (zus. mit n. 89).

139. J. F. Hautz, Lycei Heidelbergensis origines et progressus. Heidelb. 1846: Zeitschr. f. d. alterthumsw. 1847 jahrg. V n. 12 p. 91—3.

140. W. Helbig, Quaestiones scaenicae. Bonn. diss. 1861: Heidelb. jahrb. 1861 n. 40 p. 632—5.

141. C. F. Hermann, Die hypaethraltempel des alterthums. Göttingen 1844. zugleich mit

L. Ross, Hellenika. I, 1. Halle 1846 und

C. Boetticher, Der hypaethraltempel auf grund des Vitruvischen zeugnisses gegen prof. dr. L. Ross erwiesen. Potsdam 1847: München. Gel. anz. 1847 b. XXV n. 227—230.

142. C. F. Hermann, Über die studien der griech. künstler. Göttingen 1847: München. Gel. anz. 1849 b. XXVIII n. 88 f. p. 722—5. 729—731.

K. J. Hoffmann, Die wissenschaft der metrik s. n. 147.

143. O. Keller, Untersuchungen über die geschichte der griechischen fabel. Leipz. 1862: Heidelb. jahrb. 1863 n. 15 p. 237—240.

144. J. H. Krause, Olympia, oder darstellung der grossen olympischen spiele. Wien 1838: (Berliner) Jahrb. f. wissensch. kritik 1840 n. 94. 95 s. 785 ff.

145. ders., Die gymnastik und agonistik der Hellenen. 2 bde. Leipz. 1841: Wiener jahrb. 1841 b. 95, 158—180.

146. A. B. Marx, Gluck und die oper. 2 theile. Berl. 1862: Allgem. musikalische zeitung n. f., jahrg. I 1863 n. 7—9 p. 120—124. 133—136. 149—154.

147. E. Munck, Die metrik der Griechen. Glogaü 1834 und K. J. Hoffmann, Die wissenschaft der metrik. Leipz. 1835: Jahns n. jahrb. 1836 jahrg. VI b. 17, 291—303.

148. E. Pinder, Über den fünfkampf der Helleneu. Berl. 1867: Heidelb. jahrb. 1867 n. 42 p. 663—8.

L. Ross, Hellenika s. oben n. 141.

149. A. Rossbach, Untersuchungen über die römische ehe. Stuttgart 1853: Krit. zeitschr. für die gesammte rechtswissenschaft herausg. v. Brinckmann usw. 1855 b. II p. 325—339.

150. C. Schmelzer, Studien zur redekunst. Ir band: Commentar zu Platons Phaedrus, Demosthenes Olynthischen reden usw. Guben 1869: Heidelb. jahrb. 1870 n. 2 f. p. 32—4.

151. A. Schmidt, Geschichte der denk- und glaubensfreiheit im ersten jahrhundert der kaiserherrschaft und des christenthums. Berl. 1847: Münchn. Gel. anz. 1848 b. XXVI n. 61—63. 66.

152. *F. W. Schneidewin, Coniectanea critica. Göttingen 1839: rec. geschrieben sept. 1839, erschienen ??

153. *F. G. Welcker, Der epische cyclus oder die Homerischen dichter. IIr theil. Bonn 1849: rec. redigiert 1—20 jan. 1850 und an die Wiener jahrb. eingesandt, die inzwischen eingiengen.

154. ders., Die composition der Polygnotischen gemälde in der lesche zu Delphi. Berl. 1848: Münchn. Gel. anz. 1849 b. XXIX n. 226—229.

155. F. Wieseler, Das satyrspiel. Göttingen 1847: Münchn. Gel. anz. 1849 b. XXVIII n. 90 f. p. 739—748.

ders., Delphische Athene. Göttingen 1845: Münchn. Gel. anz. 1847 b. XXIV n. 43 p. 351 f. (zus. mit n. 89).

156. A. W. Zumptii Commentationum epigraphicarum ad antiquitates Romanas pertinentium voll. II. Berol. 1850. 1854: Münchn. Gel. anz. 1851 b. XXXII n. 32. 35—8. 1856 b. XLII n. 2—4.

157. ders., Studia Romana. Berol. 1859: Heidelb. jahrb. 1861 n. 6 f. p. 89—104.

Inhaltsverzeichniss

I

VERSUCH EINER GESCHICHTE

DES

HOMERISCHEN EPOS[1]

Poesie vor Homer.

Homer ist der älteste Griechische dichter den wir besitzen, doch darf die Homerische poesie selbst nur als die höchste stufe der epischen gattung betrachtet werden; viele versuche mussten voraus gehen, ehe diese vollendung erreicht werden konnte. Solche vorgänger deutet die Homerische poesie selbst an. Zwar nennt nur der schiffskatalog den Thrakischen sänger Thamyris, aber die, wahrscheinlich erdichteten, namen eines Phemios und Demodokos, welche ἔργα ἀνδρῶν τε θεῶν τε besingen, so oft es die hörlustige umgebung verlangt, sprechen offenbar für die existenz einer vorhomerischen epik. Auch die häufigen beziehungen auf andere sagenkreise, auf die des Herakles (vgl. Il. E 392. 640 Θ 362 Ξ 250 O 640 T 96 ff. Υ 145 Od. λ 266), Iason (Od. μ 70 Il. H 469 Φ 41), Kastor und Pollux (Γ 237 λ 299), Diomedes (Δ 376 E 801 K 285 Ξ 115), Sisyphos (Z 153 λ 592), und selbst die auf begebenheiten des Troianischen krieges, welche ausserhalb des bereichs der Homerischen gesänge liegen (Antehomerica besonders in der Iliade B Γ I Λ und Posthomerica in der Odysse α γ δ ε ϑ λ) setzen epische gedichte voraus, in welchen die genannten heroen besungen waren.

Eben so wenig ist daran zu zweifeln dass die in Homer öfters vorkommenden symbolischen mythen nicht von dem dichter erfunden worden sondern aus ältern liedern genommen sind, wenn auch die namen Orpheus, Musaios und Eu-

1*

molpós, welche als repräsentanten jener priesterlichen poesie
angeführt werden, historisch nicht nachgewiesen werden können. Wahrscheinlich gehört diese poesie einer frühern zeit
an als die epische, aus welcher die Homerische dichtung sich
entwickelt hat. Jene war aus betrachtungen der natur, ihres
werdens bestehens und vergehens hervorgegangen und diente
dem einfachen cultus der Pelasgischen stämme, welche him-
mel und erde, sonne mond und die gestirne anbeteten (Plat.
Kratyl. 397ᵈ). Um diese anschauungen zu befestigen fasste
sie der erfinderische geist der ersten lehrer in bedeutungs-
vollen bildern zusammen; die poesie übersetzte die bilder-
sprache des symbols in worte. Je mehr aber das volk sich
zum bewusstsein seiner gesammtheit erhob, um so mehr
wurden auch die götter in ihrem wesen vermenschlicht, sie
galten für die lenker des staatslebens, ohne jedoch ihre attri-
bute als beherrscher der natur aufzugeben.

Die mannichfaltigen kämpfe der Griechischen völker-
schaften unter einander erzeugten die heroensage und damit
den reichsten stoff des epos, welches die dichter dieser gattung selbst als 'preis der götter und männer' bezeichnen.
Denn man glaubte, das geschlecht der heroen sei göttlichen
ursprungs und die göttlichen urheber einer heldenfamilie
nähmen fort und fort den regsten antheil an deren schicksal.
Daher dies eingreifen der gottheit in den gang der begebenheiten, wodurch der epische gesang den reiz des wunderbaren erhält und sich vor dem fehler, blos historischen bericht zu geben bewahrt. Die phantasie wird mehr als in
dem drama beschäftigt, weil sie freieres spiel hat und ἄλογα
zulässt, welche im drama nicht erträglich sein würden (vgl.
Arist. poet. 25, 3 und 8 f.).

Die epische poesie scheint zuerst unter den anwohnern
des Thessalischen Olymps sich entfaltet zu haben, denn die
Musen heissen vorzugsweise Ὀλυμπιάδες oder Πιερίδες: oder
mit andern worten, der cultus der Musen als nymphen des
gesanges war dort einheimisch und die diener der Musen, die
dichter haben den Olymp zum götterberg gemacht, auf welchem Zeus mit den unsterblichen göttern seines geschlechtes
thront. Diese vorstellung erhielt sich nachher in den ge-

säugen der Asiatischen epiker, welche man unter dem namen des Homeros und der Homeriden begreift.[1]

Über die entwicklung der epik, ehe sie sich zur vollendung des Homerischen gesangs erhob, fehlt es an sichern nachrichten. Die form des hexameters soll von der Delphischen priesterin Phemonoe erfunden worden sein (Paus. X 5, 7 Plut. de Pyth. or. 17 p. 402ᵈ). Herakleides Ponticus (Athen. XV p. 701ᵉ) nahm an, die Formel ἰὴ παιάν dreimal wiederholt habe die bildung dieses verses veranlasst: wir müssen diese und andere vermuthungen auf sich beruhen lassen.

Über die nächsten vorgänger gibt die schilderung in den Homerischen gedichten selbst manchen aufschluss. Reich versehen mit liedern tragen sie davon vor, was die zuhörer wünschen. Vgl. Od. α 337 ff.: dort singt Phemios die rückkehr der Achaier; in ϑ 75 ff. erzählt Demodokos den streit des Odysseus mit Achilleus, wobei öftere pausen und ruhepunkte eintreten vgl. ϑ 87, und 500 ff. die eroberung Ilions durch Odysseus. Hieraus ist klar, dass die sage in mehrere abtheilungen zerfallen konnte und die dichter es verstanden eine begebenheit aus ihrem historischen zusammenhang so hervor zu heben, dass sie ein selbstständiges ganze bildete (ἔνϑεν ἑλών ϑ 500).

Homeros.

Bei der grossen verschiedenheit der angaben über zeitalter und vaterland des dichters ist er selbst als historische person nicht leicht fest zu stellen; die meisten und gegründetsten nachrichten leiten nach der zwischen Aeolis und Ionien getheilten Smyrna (vgl. Welcker ep. cycl. I 132 ff.).

---

1 übrigens sind auch der Parnass und noch mehr der Helikon berühmte sitze des Musencultus gewesen (vgl. Hes. Theog. 1—22), ja alles küstenland von Olympos bis zur grenze Attikas (einst Thrakia genannt vgl. Thukyd. II 29[?]) zeichnete sich durch musikalische bildung aus, und Thamyris, einer dieser Thrakischen epiker soll sogar die Musen selbst zum wettkampf herausgefordert haben, Il. B 595 ff.; er sang am hof des Eurytos im Thessalischen Oichalia. *Im text, aber durch zeichen der parenthese ausgeschieden.*

Selbst der name ist appellativisch, gleich dem des Phemios und Demodokos. Ὅμηρος bedeutet den einiger; versuche, die einzelnen lieder, welche zu demselben sagenkreis gehörten, zu verknüpfen, konnten nicht ausbleiben. Homer soll nun, nach der übereinstimmenden überlieferung des alterthums, die Ilias und Odyssee gedichtet haben, mehrere hymnen führen ebenfalls seinen namen; selbst spätere epopoeen, die sonst bestimmten andern verfassern beigelegt werden, hat man vor der zeit erwachter kritik ihm zugeschrieben.[1]

Nehmen wir an, dass die benennung Ὅμηρος wirklich die dem dichter eigenthümliche kunst der anlage und composition bezeichnete, so entsteht die frage, wie wir uns sein verhältniss zu den vorgängern zu denken haben. Hat er die kleinern werke dieser so gut es gehen wollte an einander gereiht, oder dienten ihm jene nur als vorarbeiten zu einer in form und plan ganz eigenthümlichen schöpfung? War jenes der fall, so gebührt ihm nur das lob eines geschickten sammlers; war dieses, so ist seine würde als dichter gerettet; (für die abweichungen in inhalt und stil bietet sich leicht die erklärung dar, dass einiges von frühern verfassern herrührendes eingeflochten sei, anderes sich später angefügt habe).

Das alterthum achtete auf die bedeutung des namens nicht, sondern sah in ihm blos die bezeichnung einer bestimmten historischen persönlichkeit. Daher war auch von der einen oder andern entstehungsweise der beiden epopoeen keine rede. Aristoteles[2] erkannte in der Iliade wie in der Odyssee einheit und abgeschlossenheit der handlung, μίαν καὶ τελείαν πρᾶξιν, und zog desshalb den Homer spätern epikern vor, welche es nicht verstanden hätten, dichtung von der geschichte zu unterscheiden. Er dachte nicht daran jene werke dem éinen Homer abzusprechen. Der ansicht des Aristoteles haben sich mit geringen ausnahmen alle litteratoren

---

1 *der folgende absatz* Nehmen wir . . . . . angefügt habe *ist roth durchstrichen, ohne dass nachher die worte* von der einen oder andern entstehungsweise *geändert wären.*

2 vgl. Aristoteles poetik 9, 3. 4. 23. 24.

und aesthetiker angeschlossen, bis FAWolf seine bedenken
in den prolegomenen aussprach. Er vertheidigte vorerst seine
ansicht durch beweise, welche sich auf die mündliche und
schriftliche fortpflanzung der Homerischen gedichte gründe-
ten, und deutete seine ideen über die primitive gestalt derselben nur allgemein an.[1] Schlagen wir den umgekehrten
weg ein, und gehen von der form jener werke auf die geschichte ihrer verbreitung und erhaltung über.[2]

Eine lang fortgesetzte lectüre der Homerischen gesänge
muss den nicht vom vorurtheil der einheit beider epopoeen
befangenen auf die bemerkung leiten, dass nicht nur vieles
darin auf nachahmung und nachbildung anderer theile beruht, sondern auch manches blos zu dem behuf eingeschaltet
ist um entweder etwas lange vorher dagewesenes in erinnerung zu bringen oder eine lücke zu verdecken oder ein ein-
geschobenes stück vorzubereiten. Solche stücke ermangeln

---

1 *zusatz am rand*: Auf den gang des durch ihn angeregten streites
näher einzugehn würde zu weit führen. Wir begnügen uns also hier
damit, unsere überzeugung dahin aus zu sprechen, dass beide werke
von mehreren unter einander sehr verschiedenen verfassern herrühren; dass wir sowohl die unübertreffliche kunst der epischen dichtung hier wahrzunehmen glauben als die mehr und minder eigenthümliche und gewandte nachbildung. Beider schöpfungen, originales und
nachgeahmtes, zu einem gewissen zusammenhang zu verbinden, wobei
dieses zum nachtheil von jenem sehr begünstigt werden musste, hatte
sich der diaskeuast zur aufgabe gemacht, welchem wir grosse theile
der Iliade und manches in der Odyssee zuschreiben in der dissert. *de
interpolatore Homerico.* Die weitere ausführung dieser sätze bleibt, da
sie mit dem plan dieser schrift nicht vereinbar ist, einer besonderen
abhandlung vorbehalten. Dort kann erst eine charakteristik der Ho-
mere und Homeriden versucht werden. [*aber s. unten s.* 10 ff.] Hier
erlaubt die beziehung auf das metrum, welches bei der fortgehenden
und ununterbrochenen tradition der technik von minder grossem einfluss auf die bestimmung der unterschiede ist, von dem totaleindruck
des Homerischen epos zu sprechen und darin die im einzelnen häufig
vermisste einheit zu finden.

2 *das folgende, zum ursprünglichen text gehörig, ist eingeklammert.*
So werden sich, glaubt der verfasser, die ergebnisse seiner forschungen
klarer ordnen und den gegnern der Wolfischen hypothese ihr recht
verbleiben, ohne auf die Homerische frage selbst den entscheidenden
einfluss zu gewinnen, welchen sie errungen zu haben wähnen.

alles eigenen charakters und sind (ein beweis von ihrer neu-
heit) aus vielen andern rhapsodieen zusammengetragen. [1]
In der Iliade machen wir auf folgende interpolationen dieser
art aufmerksam: B 484 — schluss H 17—482 Θ 28—561
Λ 498—520. 597—848 M 1—35 Ξ 1—152 O 390—404,
desgleichen O 64—77 Σ 356—368 N 345—360 und 685
—700. In der Odyssee gehört zu dieser gattung δ 620—624
ε 1—27 ι 1—38 λ 333—384 μ 450—453 ν 1—25. 404—428.
Diese einlagen hatten keine andere bestimmung als die oben
angegebne; sie sollten eine verbindung zwischen ursprünglich selbstständigen liedern herstellen, und das gelang dann
so gut als es bei geringer erfindungsgabe und gesunkener
technik gelingen konnte.

Andere stücke sind von der art dass sie wegfallen können ohne den zusammenhang zu stören, z. b. Ilias Γ 121
—244 E 627—710 Z 119—236 (letztere episode zeichnet
sich sehr vor andern einlagen aus), die ganze rhapsodie K[2],
vielleicht auch Π 431—465, dann Σ 483—608; in der
Odyssee namentlich die nekyia der heroinen und alles von
Minos an.

Löst man diese theile ab, so gewinnt die erzählung an
klarheit und zusammenhang, während sie dort durch weg-
nahme der bezeichneten stellen zerrissen wird. Diese lücken
entstehen jedoch nur durch tilgung des unächten; die selbstständigen theile treten alsdann in ihren charakteristischen
formen, wenn auch nicht in ihrer integrität besser und leichter erkennbar hervor.

Selbstständig waren die epopoeen, welche ohne bezug
auf ein vorhergehendes oder nachfolgendes[3] eine in sich ab-
geschlossene erzählung aus der heroenwelt enthielten. Je
nachdem nun ihr verfasser früher oder später auftrat, war
er mehr an seine eigne erfindung angewiesen oder benutzte
mehr die schon vorhandenen gedichte.

---

1 die belege dazu s. im anhang [s. die schrift *de interpolatore
Homerico*].

2 *ausgestrichen* Λ 1—291.

3 *die worte* ohne bezug ... nachfolgendes *sind mit bleifeder durchstrichen.*

[ZUSATZ AM RAND Die beiden werke, Ilias und Odyssee, bieten eine wahre stufenleiter von originalen und nachdichtenden epikern dar. Ihre succession nachzuweisen hat der verf. für die Odyssee in seiner *disputatio de diversa Homericorum carminum origine* versucht, und wird demnächst die resultate seiner seitdem fortgesetzten forschungen in einer eigenen schrift darlegen; hier genüge es auf die sache hingewiesen zu haben, und die folge der Homerischen gesänge, ohne die beweise zu liefern, aufzustellen:

A. Die ältesten und trefflichsten schöpfungen dieser gattung sind

1 Ilias A[1] — H 16 $M\tilde{\eta}\nu\iota\varsigma$ und

2 Odyssee ι 39 — μ 450 $N\acute{o}\sigma\tau o\varsigma$, werke desselben verfassers, die ehemals einen viel grössern umfang hatten.

B. 3 Od. α 22—87 ε 28 — ϑ 586 ν 28—403 Odysseus bei den Phaiaken.

4 Od. α 88 — δ 847 Telemachos.

Diese sind nach dem $N\acute{o}\sigma\tau o\varsigma$ entstanden und kommen der grösse jener beiden werke am nächsten, tragen aber sichtbare spuren der nachdichtung an sich.

C. Das übrige ist von nachahmern verfasst, welche nicht nur jene vorbilder sondern auch die ihnen voraus gehenden nachdichtungen benutzten, in folgender reihe:

5 $\Pi\alpha\tau\rho\acute{o}\varkappa\lambda\varepsilon\iota\alpha$ $\varLambda$ 284—500 und 521—596 Π P $\varSigma$ 1—148. 231—242. 314—355.

6 $T\varepsilon\iota\chi o\mu\alpha\chi\acute{\iota}\alpha$ M 35 — N 837 $\varXi$ 153 — O 746.

7 $\Pi\rho\varepsilon\sigma\beta\acute{\iota}\alpha$ I.

---

1 in einem sichtlich für vorlesungen bestimmten entwurf über die geschichte der epischen poesie (fascikel 'Zur gr. poesie' in fol.) hat K. Lachmanns ansicht über die entstehung von $\varLambda$ adoptiert. Aber am rand ist folgende, nach dem tagebuch im märz 1842 gemachte bemerkung eingetragen Vielmehr muss 430—496 ausgeschieden werden, und auch 423—427 wegfallen. Die ankunft des Odysseus in Chryse scheint ein emblem aus der Odyssee und ist zu weitläufig im verhältnis zu der handlung des ganzen. Die reise der götter zu den Aethiopen dankt vielleicht auch der Odyssee α ihren ursprung. Nach v. 429 folgt 497, und alles ist in ordnung. Dann haben wir einen zusammen hängenden Homer von $\varLambda$—Z incl. und H 1—16.

8 *Ἀχιλληίς Σ* 148—231. 243—313. 369—477. 614—617
   T 1 — *Ω* 804.
9 *Εὔμαιος* Od. *ξ* — *π* 481(?), nicht zu bestimmen ob
   vor oder nach n. 8 gedichtet.
10 *Τίσις μνηστήρων ρ — ω* 547.
D. Der rest ist das werk des diaskeuasten, der die oben
   s. 6 aufgeführten stücke einlegte.]

In dem cyklus des Homerischen epos fehlt es nun nicht
an widersprüchen in dem lauf der erzählung, desgleichen nicht
an lücken oder unnützen wiederholungen, und während einige
partien in einem reinen ungetrübten strom dahin fliessen,
wimmelt es in anderen an reminiscenzen aller art.

Zu den widersprüchen gehört es, wenn[1] in der Iliade
über das benehmen des Achilleus gegen die seine hilfe an-
sprechenden Griechen folgende unter einander abweichende
erzählungen vorkommen: zuerst erklärt Ach. in *I* 650 den
gesandten, er werde nicht eher zum Griechischen heere zu-
rückkehren als bis Hektor die schiffe der Myrmidonen an-
greife; dagegen berichtet *Σ* 446, die Achaeer von den Troern
gedrängt und nicht im stande einen ausfall zu wagen, hätten
die geronten zu Achill geschickt, worauf dieser zwar seinen
persönlichen beistand verweigert, doch dem Patroklos gestattet habe mit seinen Myrmidonen die Troer ab zu wehren;
endlich in *Π* 60 ff. weiss Ach. von keiner an ihn ergangenen
bitte der Achaeer, er erlaubt seinem freund auf dessen eigene
bitte, im schmuck seiner waffen in die schlacht zu ziehen,
nur unter der bedingung, dass er nicht zu weit vordringe
und dadurch ihn in den augen der Griechen entbehrlich
mache. Wir sehen hier denselben moment in wiederholter
steigerung geschildert, *Σ* 446 berührt kurz die einfachste
und wahrscheinlich älteste darstellung desselben, deren ausführung durch die spätere verdrängt worden ist, zuerst durch
die in *Π* 60, wo Patroklos selbst (nicht die Griechischen
fürsten, deren früheres erscheinen durchaus nicht voraus-
gesetzt wird) von Achilleus den beistand wenigstens der Myr-

---

1 *ein an dieser stelle eingefügtes* a) *deutet an, dass K. noch andere
beispiele von widersprüchen folgen lassen wollte.*

midonen unter seiner anführung erlangt, dann durch die in *I*, wo die gesandten Odysseus Aias und Phoinix ganz unverrichteter sache wieder abziehen müssen.

Diese differenzen sind um so wichtiger, als der wendepunkt der epischen handlung eben hierin liegt. Wer sie anerkennt, muss zugleich drei von einander abweichende sagen und somit auch drei verschiedene dichter zugeben.

Lücken der erzählung sind unter andern zu ende von *A* und anfang von *M* bemerklich.[1] Wie dort die Griechen über wall und graben in ihr lager getrieben werden, ist nicht erzählt und doch durfte dieser entscheidende ausgang des kampfs nicht mit stillschweigen übergangen werden. Sodann musste angegeben sein, wie Zeus, der sich von Θ—P auf dem Ida befindet, plötzlich in *Σ* 168 *T* 349 usf. auf dem Olymp erscheint. Wie der schwer verwundete Teukros (Θ 325) am folgenden tag wieder kräftig mitkämpfen kann (*M* 371), ohne dass eine wunderbare heilung wie *E* 447 *O* 288 voraus gegangen wäre, ist ebenfalls eine lücke in der erzählung, wenn man nicht lieber einen widerspruch darin findet.

Unnütze oder unpassende wiederholungen möchten wir die rede des Agamemnon in *I* 17—28 nennen, desgleichen die worte *Π* 102 nach *O* 727.[2]

Häufiger sind dergleichen wiederholungen in dem letzten theile der Odyssee von ξ an, vgl. ξ 299—309. 368—371 o 113 —119 π 95—96. 122—128 ρ 48—51. 124—146. 534—538 σ 206—213. 399 f. und 410—413 τ 130—133. 139—156. 251 f. (und wieder aus ξ, τ 288—299. 303—307). 440—443. 452 f. 472 f. 600—604 υ 144—146. 230—232 (aus ξ) φ 63—66. 350—358 χ 42 f. . . . .

Widersprüche im lauf der handlung sind auch in diesem epos auf zu weisen. In λ 184 f. ist die lage des Tele-

---

1 [vgl. *de interpol. Hom.* p. 10 f.]

2 vgl. *Kayser in der recension von Gepperts Urspr. der Homer. gedichte, Münchner gel. anz.* 1841 *n.* 224 *s.* 763 'Wenn die worte Αἴας δ' οὐκέτ' ἔμιμνε, βιάζετο γὰρ βελέεσσιν sowohl in *O* 727 als in *Π* 102 vorkommen, was eigentlich nur einmal der fall sein durfte, so erhellt daraus, dass zwei gedichte hier nicht geschickt genug zusammengefügt wurden'.

machos eine ganz andere als sie in den ersten und letzten
büchern geschildert wird. Sodann das mütterliche verhältniss
der Penelope (vgl. β 375 und δ 703 ff. mit der entstellenden
schilderung o 19 ff. und manchen andern stellen) zu ihm in
den ersten büchern eben so innig und liebevoll, wie in den
letzten ausdruckslos und gemeiner natur.

Am wichtigsten zur bestimmung des ursprünglichen und
nachgebildeten ist aber die nachweisung der reminiscenzen
oder imitationen, welche, wie oben bemerkt, in manchen
theilen der Homerischen epopoeen sehr zahlreich sind. Er-
streckt sich diese benutzung früherer gesänge nicht nur auf
einzelne verse oder gar hemistichien und kola, sondern auch
auf ganze situationen, so ist der verdacht, dass auch der
verfasser nicht derselbe sei und nicht auf gleicher höhe der
erfindung und technik stehe, wohl gegründet.

Zu dem ende betrachte man vorerst das sechzehnte und
siebzehnte buch der Iliade und vergleiche sie mit den sechs
ersten gesängen. Man wird eine menge von übereinstimmenden schilderungen in beiden partieen entdecken, namentlich
ist Patroklos in allen seinen bewegungen dem Diomedes dort
nachgebildet. Denn dass man nicht etwa denke, die Patrokleia sei der Diomedeia vorausgegangen, darf man nur beide
zusammen halten, um gewahr zu werden, wie tief an gehalt,
schwung der darstellung, lieblichkeit und gemüthlichkeit der
sprache die Patrokleia unter dem vorbild steht.

Haben wir uns aber einmal davon überzeugt, dass die
eine dichtung das original, die andere nur copie ist, so werden wir auch die im anhange aufgezählten loci paralleli nicht
für blosse wiederholungen eines und desselben verfassers erklären, sondern der spätere benutzte, so viel er konnte, mit-
unter aber auch wohl absichtslos, seine vorgänger. Aber dem
dichter der Patrokleia lag nicht Il. A—Z allein vor; er
kannte bereits auch Od. α—ν. Man sehe nur die zahlreichen parallelstellen, und überzeuge sich, wie allenthalben
der zusammenhang hier und dort für die priorität der Odyssee spricht.

Ist nun allerdings dieses werk den herrlichen schöpfungen, welche die einleitung der Iliade und Odyssee bilden,

nicht gleich zu stellen, so enthält es doch noch grosse schön-
heiten, und diente seinerseits wieder jüngern gesängen zum
muster, welche dieses nebst den ältern benutzt haben. Wir
meinen hier namentlich die Τειχομαχία und Ἀχιλληΐς, jene
M—O, diese Σ (zum theil) — Ψ (oder Ω?) umfassend. Jene
erweiterte die schilderung der zum theil verlornen Patrokleia[1], diese scheint sich vielmehr nur an die epopœe von
Patroklos angeschlossen zu haben. Einzeln die Πρεσβεία im
neunten buch, sie scheint der Achilleïs voraus gegangen zu
sein, benutzte aber die Patrokleia.

Wie entstanden nun diese den gang des epos mit so
manchen abweichungen fortsetzenden stücke? Dass es stück-
weise gedichtet sei und der nachfolger den faden des vor-
gängers an beliebiger stelle aufgenommen habe, ist nicht
glaublich; wohl aber dass die anfängliche dichtung vieles
kürzer erzählte, was zu weiterer ausführung sich eignete.
Das interesse an solchen entwicklungen wurde noch beson-

---

1 *nähere auskunft über Kaysers Patrokleia gibt ein notizblatt desselben fascikels f. 61, auf dessen rückseite· sich ein auszug aus Naekes
programm über A nach den opuscula (erschienen 1842) befindet:* Folgen
wir dem zusammenhang in Λ 596, so muss in dem verlornen theil von
der Πατρόχλεια Aias mehr und mehr zurückgedrängt worden sein.
Dann drang Sarpedon, nicht Hektor zuerst in das lager ein, als die
Achaeer sich endlich in dasselbe zurückgezogen, aber es verschlossen
hatten. Das buch M ist wohl aus beiden gesängen der Τειχομαχία und
Πατρόχλεια interpoliert, N Ξ O scheinen blos dem jüngern dichter
an zu gehören, der die geschichte des kampfs innerhalb der mauer
sehr erweiterte und mit der Διὸς ἀπάτη und der ἐπικουρία Ποσειδῶνος
bereicherte. Der anfang der Patrokleia ist verloren, er enthielt die
verwundung Agamemnons ebenfalls und knüpfte vielleicht unmittelbar
an den entschluss desselben an, auch ohne Achills beistand sein glück
zu versuchen. *Ferner eine randbemerkung zu dem oben s. 9 erwähnten
heft f. 9ʳ* Ueber M N Ξ O (zum theil) hege ich die vorstellung, dass
sie in die Patrokleia verwebt wurden von einem spätern sänger, dessen poesie sich an die des zweiten [des dichters der Patrokleia] anschloss, doch nicht ohne weichere formen, eine gewisse geschwätzig-
keit und hyperbolische darstellung, vgl. Ξ 394 ff., auch N 275 und
ausführungen wie N 322 f. 374 626 726 787, O 187 vgl. mit N 449,
O 282. Ähnlich die gruppe von Idomeneus und Meriones mit der
von Sarpedon und Glaukos. Ähnliche erscheinungen N 171 ff. und
363 ff.

ders durch die katastrophe erhöht, die ein solcher gesang entweder selbst enthielt oder auf die er doch hinleitete. Leicht war es nun in dem kreis der epischen sage dem hinzugedichteten eine angemessene einleitung und genügenden schluss zu geben, so dass es als selbstständiges ganze betrachtet werden konnte. Solche erweiterungen sind ganz im geist des epos gegründet, die reiche fülle des stoffes lädt selbst dazu ein, und so sehen wir aus der ersten erweiterung sogar eine zweite der art erwachsen: aus der *Πατρόκλεια* eine *Τειχομαχία*, welche in jener schon enthalten sein musste, aber wohl ohne den trug des Poseidon und der Here, indem der dichter der erstern wahrscheinlich schnell von der verwundung des Eurypylos auf die flucht der Achaeer in die veste und die vertheidigung derselben durch beide Aias, Idomeneus und Meriones übergieng, und da endlich auch Aias widerstand gebrochen war, den bittenden Patroklos dem Achilleus vorführte. Wie dieser über dem leichnam seines freundes in wehklagen ausbricht und ihm rache gelobt, da konnte der dichter abschliessen, und jener dem wir die Teichomachia zuschreiben, an der stelle, wo das erste schiff der Griechen von der flamme ergriffen wird.

Wollte man nun diese dichtungen, welche eine nach der andern entstanden waren, zu einem werk vereinigen, so musste manches mit dem zusammenhang unverträgliche weichen; auf diese weise haben wir von dem trefflichsten epos der Iliade alles nach *H* 16 folgende verloren und den eingang der Teichomachia, der Patrokleia und Achilleïs eingebüsst. Sodann mussten die so entstandenen lücken wieder ausgefüllt werden; dies ist in den büchern *H Θ Λ M Ξ* geschehen, die spuren dieser restauration sind aber nur zu deutlich, wie die betreffende beilage nachgewiesen hat.

Gehen wir zur Odyssee über. Auch hier hat das bestreben vieles, was von einander unabhängig war, zu einem ganzen zu verschlingen, uns die anschauung der ältern werke in ihrer urform entzogen. Voraus gieng der *Νόστος* des Odysseus in *ι — μ*, noch ohne andeutung der bedrängnisse seines hauses: die stellen welche darauf sich beziehen, *λ* 115 —120, *ι* 535 sind gegen *λ* 184 f. und *μ* 141 gehalten der

diaskeuase verdächtig. Dann folgte wahrscheinlich α—δ, die
schilderung jener bedrängnisse und wie Od. der zurückge-
kehrte sie beendigte. Hierauf schritt ein dritter sänger zu
einer darstellung der rückkehr des Odysseus von Ogygia aus
und seines aufenthalts bei den Phaiaken, welche partieen
der erste Νόστος kürzer behandelt hatte, er lässt den Odysseus schlafend in seiner heimath landen, und dann wie er
erwacht diese nicht wieder erkennt, Athene ihn zurechtweisen
und über die vertilgung der freier Penelope's ihm rathen;
sie verwandelt ihn. Damit ist die ächte und Homers würdige Odyssee geschlossen; was noch folgt, sind spätlinge,
welche durch eine interpolation von ν 404—428 eingeleitet
werden. Selbst das liebliche idyll von Eumaios bietet eine
menge von nachahmungen und spuren neuerer sprech- und
denkweise dar. Um diese, dem gesunkenen geschmack späterer zeiten mehr entsprechenden gesänge unter zu bringen,
hat die redaction derselben den eingang des ersten Nostos getilgt, ferner nach dem vierten buch die Τίσις, deren eingang
ebenfalls von ihr aufgeopfert worden ist[1], in dem moment
abgebrochen, wo Odysseus erscheinen musste. Wir wagen
hier die vermuthung, dass statt des langen hin- und her-
ziehens des bettelnden Odysseus, der oft wiederholten belei-
digungen, vorbedeutuagen und müssigen reden aller aufgeführten personen bald nach seinem eintreten in seinen wohn-
sitz der Penelope und somit auch Telemachos unbekannte in
den wettkampf, den er wohl selbst angerathen, sich ein-
mischte und so die schnelle katastrophe herbeiführte, worauf
die rührendste erkennungsscene erfolgen konnte.
     Das liebliche epos des zweiten sängers ist wohl noch
am besten erhalten. Der eingang der ersten rhapsodie von
v. 11—79 scheint nicht diesem theile an zu gehören, sondern
vor ε 28 seinen wahren platz zu finden. Dann gieng es fort
bis ι, wo eine kürzere darstellung des im ersten Nostos er-
zählten von Odysseus gegeben wurde.[2]) Diese fiel also weg,

---

1 die ersten worte desselben finde ich in [ν] 88—95. *randzusatz.*

2 *dazu randbemerkung* Ebenso abbreviert dieser dichter auch die
erzählung von Troias eroberung durch Odysseus θ 500—520.

da die ausführlichere schon in jenem vorlag. Den schluss bildete des helden ankunft auf Ithaka.[1]

Wäre dem nicht so, dann hätte der interpolator nicht nöthig gehabt zu anfang des fünften und neunten gesanges zwei centonen ein zu schieben, die fast keinen eigenen vers enthalten, vgl. die beilage. Aber man wollte einerseits die ausführlichere erzählung von $\iota - \mu$, anderseits die in $\varepsilon - \vartheta$ nicht aufgeben; beide neben einander vertrugen sich nicht in demselben corpus, wohl auch darum nicht, weil in dem ersten Nostos die angeredete person eine andere war, und da von den Phaiaken selbst erzählt werden musste. Daher wird μ 450 die erzählung abgebrochen, und dann folgen die worte des interpolators 450—453, desselben der auch in λ 333—384 ein müssiges gespräch einlegte.

Wir wollen nun die verschiedenen sänger der Ilias und Odyssee zu charakterisieren versuchen, und dabei von den trefflichsten ausgehen, die für mehrere nachfolger das unerreichbare vorbild gewesen sind.

In der Ilias ist der theil $A - H$ 16 der vollendetste, in anlage und ausführung reich und immer neu, scharf in der charakteristik der auftretenden personen, voll dramatischen lebens in ihrer gruppierung, dabei durchdrungen von der heitersten gemüthlichkeit und der anmuthigsten ironie. Manches ähnliche ist in den spätern theilen versucht worden, aber es fehlt dort die frische und eigenthümlichkeit, die wärme, die humoristische auffassung, wodurch das muster so einzig dasteht. Die reden sind nirgends so aus dem charakter und der stimmung des sprechenden entwickelt wie hier, sondern gewöhnlich allgemeinern inhalts, aufforderung zum kampf, berathung, frohlocken über einen erschlagenen[2], anpreisung eigener tapferkeit, alles dies oft wiederholt und zwar mit benutzung der ältern gesänge. Auch entdecken wir seltner in den gesprächen der spätern die im ersten theil vorherrschende dramatische haltung, dergleichen ist

---

1 *eingeklammert* Hier traf der dichter mit der $T\iota\sigma\iota\varsigma$ zusammen. Eine hinweisung auf diese mochte genügen, um dem werk einen befriedigenden ausgang zu geben.

2 vgl. N 374. 414. 446 $\cong$ 454. 470. 479. 501. *randzusatz.*

meistens mehr dialog als scene, und die veranlassung dazu liegt ferner.

Von gleicher trefflichkeit wie die sechs ersten gesänge der Iliade ist der sogenannte Ἀλκίνου ἀπόλογος, ι—μ. Dieselbe sprechende wahrheit der charakteristik, dieselbe dramatische kunst in der gestaltung der scenen, derselbe heitere ton, noch grössere einfachheit und mässigung der ganz concret gehaltenen, alle gnomik verschmähenden darstellung, wo etwas erzählt oder geschildert wird; dabei doch ein unerschöpflicher reichthum der erfindung im grossen und kleinen, und eine naivetät der sprache wie in keinem theil der Homerischen gesänge.

Denn die reizende dichtung von Odysseus' aufenthalt bei den Phaiaken, die offenbar jenen apologos zum vorbild genommen hat und ihm glücklich nachstrebt, hat bei weitem mehr sentimentales und gnomisches; der ausdruck ist schon etwas pretiöser, er liebt häufungen der bilder und hononymen und lange fortgesetzte beschreibungen. Mit besonderer vorliebe wird die frauennatur geschildert, woraus die neigung zum zarten, anmuthigen, feinen hervorgeht, während der ältere sänger kräftige und erhabene charaktere liebt. Man vergleiche z. b. die Kirke mit Kalypso.

Nach diesen beiden unternahm ein dritter die τίσις μνηστήρων zu besingen. Von offenbarer benutzung des Nostos wie der Ἄφιξις ἐς Φαίακας enthält dieser theil manche spuren. Doch hat auch dieser dichter ein bewundernswerthes werk geschaffen, in dem sich einerseits tiefes gemüth ausdrückt, andrerseits mehr rhetorische fülle als bei seinen vorgängern zeigt. Denn hier finden wir die längsten und ausgeführtesten reden und gespräche; in den kunstvollen wendungen derselben scheint der dichter sein verdienst erkannt zu haben. Die schilderungen treten dagegen sehr zurück und sind häufig nur erborgt, überhaupt mag diesen erzählungen von Aias, Nestors, Agamemnons und Menalaos' rückkehr manches ältere zu grunde liegen.

Mit den angeführten werken dürfte wohl der kreis des vollendeten Homer abgeschlossen werden; beide letztere benutzten zwar schon jene ältern verfasser, aber nur sparsam und gewöhnlich mit vielem geschick, welches nur originellen dichtern verliehen ist.

Gross ist nun der abstand von Homerischem und den werken der Homeriden dh. der dichter, die durch mangel an eigenthümlichkeit an eine strictere nachahmung der vorgänger gewiesen waren. Um sich davon zu überzeugen vergleiche man das wahrscheinlich älteste product dieser gattung, die Patrokleia, mit den ersten gesängen der Ilias, um gewahr zu werden, wie viel blos wiederholung oder nachbildung ist, und wie sehr im ganzen vermisst wird, was in dem muster so zu sagen der hand des nachahmers sich entzieht [*vgl. oben s.* 12]. Nichts von der reichen mannichfaltigkeit, welche immer neue mittel entdeckte, der monotonie von kampfscenen zu begegnen, nichts von der göttlichen milde und heiterkeit, die uns über das gewühl der leidenschaften emporhebt, auch nichts von der kunst der gruppierung und scenerie, die sich so einzig dort entfaltet. Der dichter gefiel sich in dem ewigen einerlei des schlachtgemetzels, er gönnt uns fast keine ruhepunkte und verweilt überlang bei denselben auftritten. Wie die beschreibung des kampfs zwar detailliert aber einförmig ist, so haben auch die reden insgemein dieselbe farbe und entbehren des $\mathring{\eta}\vartheta o\varsigma$, wir erkennen in ihnen gewöhnlich nur tapfere streiter, keine bestimmt hervortretenden charaktere. Die gleichnisse, hier mehr gehäuft als in den ersten gesängen, sind ebenfalls weit von der trefflichkeit jener entfernt, meistentheils sind sie von der jagd entlehnt; ein wilder, martialischer geist herrscht auch hier vor, wogegen der erste sänger es vorzieht die eindrücke des kriegs durch sanfte, öfters aus dem hirtenleben hergenommene oder sonst heterogene bilder zu mildern.

Ähnlich dem verfasser der Patrokleia ist der der $T\epsilon\iota\chi o\mu\alpha\chi\acute{\iota}\alpha$. Die unterschiede bestehen in einem grössern streben nach abwechslung, welchem er aber bei der magerkeit seines talentes nicht genügend entsprechen kann, einer gewissen redseligkeit, die ihn vermochte seine helden ohne besondere veranlassung sich weitläufig ergehen zu lassen, einem ganz besondern streben nach glanz und schwung des ausdrucks. Daher hier gewöhnlich prahlereien der helden, wenn sie einen feind erschlagen haben, daher in den gleichnissen die macht der elemente, donner blitz sturm schneegestöber am meisten herangezogen wird, um den sturm der schlachten zu malen. Die nachahmung ist hier schon stärker als in der Patrokleia, da der dichter nun auch diese benutzt und überdies die Odyssee fleissig ausbeutet, worin ihm der verfasser der Achilleis gefolgt ist.

Ehe wir von diesem sprechen, müssen wir vorher noch die neunte rhapsodie der Iliade in betracht ziehn. Der dichter dieser partie hat alles bisher besprochene vor augen gehabt und verfährt in der benutzung desselben mit noch weniger scheu als die frühern nachahmer. Erinnert man sich an die veranlassung der ächten stellen, die hier wiederholt sind, so macht diese repetition den eindruck der parodie. So wenn Agamemnon nun (*I* 17) seine rede im ernst vorträgt, die in *B* 110 verstellt war, und wenn Nestor die worte des Thersites dem Agamemnon zuruft (*B* 226: hier 71). In desselben anrede spricht noch der Eurylochos (*I* 65 f. nach *μ* 291 f.) und Alkinoos (*I* 68 nach *ϑ* 40) der Odyssee. Die anlage des ganzen und die ausführung desselben leidet an einer übertriebenen weitläufigkeit, indem sowohl die grössern theile als die einzelnen gedanken geflissentlich gedehnt und erschöpft sind; die eingewebte erzählung von Meleager ist ausser ihrer unverhältnissmässigen grösse auch stellenweise dunkel, und überladen ist die rede des Phoinix, welche sie enthält, dies auch noch durch die abschweifung, in der er von sich selbst spricht 447—484, gezwungen der übergang zu Achilleus in v. 485, und lächerlich fast die anwendung, welche v. 492 von Od. *ε* 223 gemacht wird.

Von dem verfasser der Achilleis, welchem ausser *T—Ω* einiges aus *Σ* angehört, gilt der über Ilias *I* ausgesprochene tadel in noch grösserem maasse.[1] Die nachahmung wird mit derselben ungescheutheit betrieben, und dieselbe scene oft mehrmals zu hilfe genommen. So dient der zweikampf des Glaukos und Diomedes sowohl bei dem des Achilleus

---

1 [zu dem folgenden vgl. Kaysers recension von Gepperts Ursprung der homer. gedichte, Münchner gel. anz. 1841 n. 225 s. 771 f.]

und Aineias Υ 176. 178. 184 f. 213 f. 220. 241, als bei dem desselben mit Asteropaios Φ 148—153, und der des Paris mit
Menelaos ebenfalls bei jener scene mit Aineias Υ 273 f.
291, wo er entrückt wird wie in Ε 445, doch mit handgreifliche-
rer andeutung des wunderbaren, und in Ψ von dem wettkampf des Diomedes und Aias 813—15, 818. Ärger ist
noch das gemisch der nachahmung, indem namentlich viele
reden nur aus allen frühern gesängen compiliert sind, vgl.
Φ 99 ff., und die wenigsten anders als mit einem früher gebrauchten vers schliessen und anfangen.

Bei dieser masse des übertragenen kann die eigenthümlichkeit des verfassers nicht gross sein, so sehr er sich auch
bemüht sich als originellen dichter zu bewähren. Diese sucht
konnte ihn nur auf abwege führen, indem er in den rührend-
sten situationen fernliegendes herbeizieht, vgl. X 66—76.
487—514 Φ 186—199[1] Υ 94—153 Ψ 85—90, auch im
stil eigenheiten hat, die bizarr und dabei geistlos sind (vergleichungen). Die einmischung der götter ist in der sogenannten Θεομαχία überflüssig, wenn der zweck des Zeus erreicht werden soll, dass Achilleus nicht zu reissende fortschritte mache und etwa gar gegen des schicksals beschluss
Troia einnehme. Dazu reichte Apollon hin, und Xanthos
der sich in wilder aufwallung gegen ihn erhebt; sonst ent-
spricht jenem endzweck nichts. Das benehmen der götter
ist kleinlich und niedrig boshaft, wie wenn Apollon den
Achilleus ermüdet oder Athene den Hektor täuscht, oder
nachdem Apollon dem Diomedes die peitsche aus der hand
geschlagen, Athene diese ihm nachträgt, aber dem voran-
geeilten Eumelos das joch zerbricht, oder späterhin den Aias
Oïliades in den koth stösst. Vergeblich wird man dergleichen
in den frühern büchern suchen.

In noch höherem grade als Il. I zerdehnt dieser Home-
ride die scenen und beschreibungen. Er will dadurch sie
interessant machen, verfällt aber nur in langweilige breite.

---

1 *in parenthese* Gelegentlich bemerken wir eine grosse sucht zu
genealogisieren, hier und Υ 390—92, 215—241 Φ 84—88; in Φ 141
—143 wird die genealogie des Asteropaios vorher erzählt und dann in
der rede desselben 157—160 wiederholt.

Man vergleiche z. b. die überaus weitläufige beschreibung des wagenkampfs, der folgende überflüssige bestandtheile enthält: 1 die predigt des Nestor an seinen sohn, 2 das pöbelhafte gespräch des Idomeneus und Aias Oïliades, 3 den anhang Ψ 616—652, wo Nestor von Achilleus eine ehrengabe erhält. Die reden haben häufig denselben zuschnitt. So ist die rede Hektors X 99 ebenso angelegt wie die Agenors Φ 553. Hektor sagt Υ 431 dasselbe zu Achilleus, was vorher Υ 200 Aineias. Achills worte Ψ 19 ff. werden bald darauf in 179 ff. wiederholt. Seine verwunderung spricht er Υ 344 aus wie in Φ 54. Die charakteristik des helden fällt gar sehr ab gegen den Achilleus des ersten gesanges. Natürlich, er ist hier meistens blos nach andern helden copiert. In Τ muss er sich dem beschlusse der übrigen fügen, dass vor der schlacht die Griechen ein mahl einnehmen müssten (275), nachdem er sich mit Agamemnon versöhnt hat. Er selbst lässt sich kein essen aufnöthigen und erklärt den verlust seines Patroklos für das härteste was ihn habe treffen können. Alles nach dem gewöhnlichen hergang, wie jeder in derselben lage handeln und sprechen würde, weit entfernt aber von der heldengrösse des Achilleus, der in diesem conflict von beleidigter ehre und der pflicht den tod des freundes zu rächen vom ächten Homeros gewiss ganz anders dargestellt würde. So leicht gieng jener gewiss nicht über die folgen des streites weg, noch durfte er seinerseits als verkehrtheit fassen, dass er mit Agamemnon um Briseis gestritten (Τ 56). Einigermassen hatte ihm in der oberflächlichen auffassung schon der dichter der Patrokleia vorgearbeitet.

In den kämpfen der rhapsodieen Υ und Φ wiederholt sich zu grossem nachtheil der schilderung Diomedes und Menelaos der frühern gesänge in Achilleus, und das interesse wird wesentlich von Achilleus auf Aineias abgezogen. Dann wiederholen sich die gewöhnlichen schlachtscenen; Hektor nach einer ruhmredigen aufforderung an die Troer erhält von Apollon den rath sich zurück zu ziehen (Υ 376) und tritt später gegen Achilleus auf um sogleich entrückt zu werden (Υ 419—454). Dann ist Achilleus zweimal unbarmherzig

gegen Alastorides (Υ 463 ff.) und Lykaon (Φ 34 ff.), die rolle
des Agamemnon (in Z 53 ff.) wiederholend. Wenn ihn etwas
vor andern auszeichnet, so ist es grössere grausamkeit und
blutgier, besonders gegen Hektor, den er aufzehren möchte.
Das nagen der fische an den leichnamen des Lykaon und
Asteropaios erbittert den Xanthos: daran wird die abenteuer-
lich kühne scene geknüpft, wie Xanthos den Achilleus ver-
folgt, dann aber durch das feuer des Hephaistos gebändigt
wird. Charakteristisch für diesen dichter ist überhaupt die
hyperbel, selbst im wunderbaren. Es ist etwas ungeheures
in dieser schilderung, die übrigens so gut wie andere theile
ihre schwächen hat, wenig zusammenhang, grosse breite,
viele wiederholungen eigener und fremder einzelheiten. Achilleus ist Φ 273 zum Odysseus geworden, der in den fluthen
des meeres sich wünscht im kampf vor Troia umgekommen
zu sein (ε 306 ff.), und damit er wieder muth fasse, müssen
ihm sogar zwei gottheiten erscheinen und in dürren worten
das gelingen seines racheplans vorhersagen, und wie sich
Skamandros mit Simoeis von neuem gegen ihn erhebt, wird
Hephaistos' hilfe gegen jene aufgeboten. Dann folgt der
götterkampf. Die Troer fliehen vor dem siegreichen Achilleus ihren thoren zu; nur Agenor stellt sich ihm noch entgegen und wird, da der Pelide seinen angriff erwidern will,
durch eine wolke entrückt (der dritte an diesem schlachttag).
Nun lenkt Apollon den Achilleus von den flüchtigen Troern
ab in die ebne.[1]

* * * * *

Der ursprüngliche umfang des Homerischen epos ist im
vorhergehenden auf ein bedeutend geringeres maass zurück-
geführt worden; möge es dem verfasser gelungen sein zu
erweisen, dass wir in diesen ältesten denkmälern Griechischer
poesie eine sammlung vieler an trefflichkeit der erfindung

1 *hier reisst mit dem ende eines bogens die bisher zusammen-
hangende darstellung ab. Das folgende, einem an früherer stelle ein-
geheftelen bogen desselben fascikels (f. 17 ff., fälschlich dem ersten entwurf angefügt) entnommen, bildet sichtlich den abschluss von Kaysers
damaligem entwurf.*

und ausführung nicht auf gleicher stufe stehender epiker besitzen und in der that auch in der epischen kunst epochen zu unterscheiden sind.

Für éinen zusammenhängenden vortrag waren diese gesänge nicht zu gross, und hatten für die ersten zuhörer noch einen umfang, der zu keiner unterbrechung nöthigte. Einmal bekannt liessen sie manche einlage zu, wie in Ilias *B* den schiffskatalog, in *Γ* die teichoskopie, in *E* den kampf des Tlepolemos und Sarpedon, in *Z* das gespräch des Diomedes und Glaukos.

Die verbindung der oben als selbstständige werke dargelegten gesänge mit einander konnte nicht bewerkstelligt werden ohne beseitigung der δὶς ἀδόμενα [s. oben s. 13 f.], wobei denn die ausführlichere und neuere darstellung gewöhnlich die kürzere und ältere ausschloss. Die Hellenen waren schon seit den ersten epochen des epischen gesangs an die beliebige verknüpfung der lieder gewöhnt und nahmen gewiss kein ärgerniss daran, wenn manches bekannte mit neuem und schon dadurch mehr anziehendem vertauscht wurde, vgl. α 351 f. Ohnehin standen diese epen in einer innern beziehung zu einander, so dass der gedanke sie auch äusserlich zu verbinden sich von selbst darbot. Durch diese, gewiss lange vor Peisistratos gemachte redaction[1] scheint eben die sporadische rhapsodik erst veranlasst worden zu sein, denn es war nun nicht mehr möglich beide epopoeen, ausser etwa an mehrtägigen panegyren, ganz zu hören. Ob aber zu dem behufe vor Peisistratos oder Hipparchos die agone der rhapsoden angestellt wurden, darüber liegt kein zeugniss des alterthums vor; die werke der cykliker beweisen nur eine allgemeine bekanntschaft mit den Homerischen vorbildern. Diese letztern müssen auch bei grosser schriftlicher verbreitung kaum irgendwo vollständig existiert haben, sonst könnte das verdienst des Peisistratos nicht so sehr erhoben worden sein.

Ehe wir von diesem sprechen, muss von der verbreitung der Homerischen gedichte in den ersten zeiten die rede sein.

---

1 *randbemerkung* Ist dies etwa der Ionische Homeros, von dem Ritschl s. 70 [*opusc.* 1, 59] spricht?

FAWolf stützte seine zweifel über die einheit derselben auf die vermeinte unmöglichkeit, so grosse werke nieder zu schreiben in einer zeit, die aus mangel an bequemem schreibmaterial die schrift sehr wenig angewandt habe; desgleichen auf die schwierigkeit diese gedichte in ihrer grossen ausdehnung zu memorieren. Aber die gewissheit, dass bereits Arktinos und Archilochos viele und grosse gesänge niederschrieben, erlaubt doch einen schluss auf frühzeitigen gebrauch des pergamentes ($\delta\iota\varphi\vartheta\acute{\epsilon}\rho\alpha\iota$), welcher bereits zwei jahrhunderte vorher (nach Herodots annahme das zeitalter Homers) statt gehabt haben könnte. Wolf übersah den unterschied zwischen verbreitung vieler geschriebener exemplare und der aufzeichnung, die nur den mündlichen vortrag zu unterstützen bestimmt war. Allerdings sind die Homerischen gesänge so eingerichtet, dass sie dem gedächtniss des vortragenden sich leicht einprägen und von den zuhörern ohne mühe aufgefasst werden konnten. Aber ohne schriftliche unterlage war ihre überlieferung und fortpflanzung sowohl sehr schwierig als auch dem zufall zu sehr preis gegeben. Man berief sich zwar ehemals auf die Druiden der Kelten, auf die Ossianischen barden, auf die prophetenschüler der Hebräer, aber diese sind alle nicht bekannt genug, um ein ähnliches hilfsmittel bei ihnen sicher zu verneinen, auch kommt inhalt und umfang des memorierten in betracht.

Der vortrag der epischen gedichte war sache der aoeden, die sich mit der phorminx dazu begleiteten. Dies einfache instrument, wohl nur aus vier saiten, dem sogenannten tetrachord bestehend, sollte wahrscheinlich den zwischen gesang und rede sich haltenden ton des recitativs stützen. Späterhin, als die instrumentalmusik grosse fortschritte gemacht hatte, gaben die aoeden Homers die zu schlichte begleitung auf, um nicht gegen die künstler auf der kithara und flöte zu sehr ab zu stechen, und da das epos seinem inhalte gemäss keine vollere begleitung zuzulassen schien, zogen sie vor, ohne alle musikalische zuthaten blos zu declamieren; aus aoeden wurden sie zu rhapsoden dh. zu stabsängern, die von dem sie auszeichnenden stab ($\dot\rho\acute\alpha\beta\delta o\varsigma$) in der hand den namen hatten.

Über die schriftliche fortpflanzung des Homer wissen
wir bis auf Solon nichts sicheres. Dieser soll nach Dieuchi-
das bei Diog. Laert. I 57 dasselbe gethan haben, was nach
andern mehr beglaubigten zeugnissen von Peisistratos oder
dessen sohn Hipparchos angeordnet wurde: er gebot, sagt
Diog., die Homerischen gesänge sollten ἐξ ὑποβολῆς rhapso-
diert werden, so dass wo der erste (ermüdet) aufhörte, der
folgende den vortrag anknüpfte. Hier verwechselt aber Dio-
genes ἐξ ὑποβολῆς mit ὑπολήψεως, Solon band nur die rhapsoden an einen bestimmten text, über dessen ausdehnung und
beschaffenheit wir keine weitere aufklärung erhalten.

Nach dem von Fr. Ritschl herausgegebenen scholion zu
Plautus' Poenulus verwendete Peisistratos die Orphiker Onomakritos von Athen, Zopyros von Herakleia und Orpheus
von Kroton zur redaction beider Homerischer epopoeen. Wie
Eustathios zu Il. K 1 meldet, wurde damals die Doloneia
eingelegt, und ein vers Od. λ 604 soll zufolge dem scholion
Harleianum von Onomakritos selbst herrühren.

Von dieser veranstaltung des Peisistratos sprechen als
einer höchst verdienstlichen Cicero, Pausanias, Ailianos *v. h.*
XIII 14 und das epigramm auf Peisistratos im leben Homers
bei Westermann biogr. p. 29. Allerdings scheint dadurch
einem gänzlichen zerfallen des Homerischen textes begegnet
worden zu sein: dieser bewahrte von nun an die consistenz,
in welcher er uns überliefert worden. Dass sich die genossen des Peisistratos bei der gestaltung dieses Homer vieles
zu ändern oder zuzusetzen und wegzunehmen erlaubten, beweisen schon die angeführten beispiele und geht auch aus
der natur eines solchen geschäftes hervor. Wie viel dabei
auf ihre rechnung kommt, kann nicht mehr ermittelt werden, aber eine vermuthung sei erlaubt hier aus zu sprechen.
Als Orphiker mögen sie, wenn damals noch verschiedene
bearbeitungen desselben mythos vorlagen, derjenigen den
vorzug gegeben haben, welche mehr mystisches (vgl. Od. τ
34) und chresmologisches enthielt, wie zb. von Od. o an,
wo von vorbedeutungen so viel vorkommt. Sie werden sich
um so weniger ein gewissen daraus gemacht haben bei Homer willkürlich zu verfahren, als sie gewiss nicht die ersten

waren, die das epos nach belieben umänderten. Daher dürfen wir auch dem beispiel derer nicht folgen, die in Peisistratos den schöpfer des planes der Iliade und Odyssee zu
erkennen glaubten. Unserer frühern auseinandersetzung zufolge muss dergleichen lange vorher bei den epikern üblich
gewesen sein.[1]

[Dass die andern ausgaben der städte (κατὰ πόλεις), von
Argos Massilia Sinope usw. früher bestanden als die Peisistratische, ist darum nicht glaublich, weil nirgends in den
scholien angegeben wird, dass die aus Athenischem local-
interesse eingeschobenen stellen dort gefehlt hätten; die
Alexandrinischen kritiker müssen also gar keine veranlas-
lassung gefunden haben, von den Athenischen handschriften
abzugehen.][2]

---

1 *Der entwurf endet mit diesen worten gerade in der mitte einer
lage, deren rest unbeschrieben geblieben ist. Den abschliessenden absatz
entlehne ich dem älteren entwurf (f. 13ʳ), welcher danach eine kurze geschichte der Homerstudien von dem V ten jahrhundert an bis auf Ari-
starchos gibt und dann die kyklischen epen bespricht.*

2 *In einem zweiten sammelband zu Homer findet sich auf dre
wahrscheinlich im märz 1842 geschriebenen blättern eine auseinandersetzung über Peisistratos' unternehmen, mit der schlussbemerkung (f. 8ᵛ)*
Die editionen der andern städte mögen wohl auf die Peisistratische
gefolgt sein, und haben in dem fall keine grosse bedeutung. Ob sie
dann auch die von Peisistratos eingelegten stellen aufnahmen? Ausführlichere angaben von seiten der scholien würden über diesen gegenstand licht verbreitet haben. Sie schweigen aber grade da, wo eine
auskunft vom grössten werth sein müsste.

II

DISPVTATIO

DE DIVERSA
HOMERICORVM CARMINVM ORIGINE

supplementum scholarum de poesi graeca in seminario
philologico habendarum semestri aestivo MDCCCXXXV.
Heidelbergae, sumptibus I. C. B. Mohr, bibliopolae academici.
MDCCCXXXV.

οὐκ ἄλλοθέν ποθεν, ἀλλ' ἐξ αὐτῆς τῆς ποιήσεως ἐλέγχειν.
Dio Chrysostomus.

Inter omnes constat disquisitionem de Homericorum carminum origine nondum ita absolutam esse, ut nulla relinquatur dissensio. Etenim posteaquam F. A. Wolfius multis obnoxium dubitationibus esse ostendit, quod per multa saecula fere nemini ambiguum fuisset visum, atque adeo vicit, ut quamvis reluctantibus quibusdam criticae artis principibus, multo tamen plures rei publicae litterariae cives in eius sententiam inclinarent et in dies maior fides eius decretis haberetur, aliis quoque doctis viris Spohnio, Koesio, B. Thierschio, G. Muellero coniecturam Wolfii suis argumentis stabilire conantibus, ecce exstitit, qui hominis clarissimi placita refutaturum, illi autem opinioni inveteratae, nuper demum explosae ius suum se redditurum profiteretur, vir doctissimus G. W. Nitzschius. Petiit is argumenta sua, quae et in pluribus Meletematum fasciculis et in Odysseae commentario bonae frugis pleno exposuit, minus ex ipsa carminum Homericorum indole quam extrinsecus: dico usum artis scribendi, comparationem poetarum cyclicorum, recitationem rhapsodiarum Athenis institutam, Aristotelis denique iudicium, quibus omnibus, si per se pendantur, parum efficiatur prae iis, quae ex compositione ipsorum carminum ad diiudicandam hanc litem repetenda sunt. Itaque neglectis argumentis, quae non ex ipso Homero afferrentur, G. Hermannus dissertatione de interpolationibus Homericis infirmitatem rationum, quae Iliadis niterentur compage, tam luculenter exposuit, ut in ea praecipue illius carminis parte, quam peculiari opera examinavit, nullo modo nasci posse videatur dubitatio, num verum ille viderit. Sed longius etiam progressus est: non modo, quam male illae rhapsodiae *A — П* cohaererent, ostendit; indagavit etiam, quae singulorum carminum, 4 cum nondum essent διασκευαστῶν opera conglutinata, pristina forma fuerit. Utinam illa compactio eum in modum facta esset, ut ubique membra disiecta in suum locum a poeta olim designatum referri, quae separanda essent, separari, quae coniungenda, coniungi possent. Sed in eo negotio non eadem ubique favet nobis Fortuna. Ignosceremus diasceuastis, si hic illic, ut diversa diversorum opera in unum corpus includerent, ordinem turbassent, sed in tali disturbatione non substiterunt, videntur etiam haud pauca, quae conatibus suis obstarent, resecuisse et alia eorum loco reposuisse: quod ex sermonis habitu diverso et laxiore singulorum carminum coniunctione probare cum conabor, haud mihi deerunt, spero, aequi iudices, qui studium certe veritatis in me agnoscant.

Examinis initium fiat ab Odyssea, quam aliquanto pulcrius quam Iliadem esse compositam multi critici, in quibus ipse ille F. A. Wolfius existimaverunt. Reliquit tamen hic ambiguum, poetaene laudi compositionis praestantia tribuenda esset an rhapsodorum et diasceuastarum, ac sunt certe complura loca, in quibus summi poetae ingenium non apparet, sed imitatoris, qui suis emblematis conectere carmina studuerit. Antiquissimam Odysseae partem dixerim eam, quae rhapsodiis ι — μ continetur, exceptis tamen nonnullis, ut statim principio ι 1—39, sermonibus λ 328—384 quibus Ulixis narratio interpellatur (ne loquar de aliis νεκυίας particulis, quarum recentior origo saepius iam tractata est), denique fine μ 447—453. Ista enim, ut coniunctio aliqua cum superioribus rhapsodiis efficeretur, a recentiori manu sunt addita; cuius sententiae argumenta infra proponemus. Quod Nitzschius dicit, nullum indicium apparere narrationis, quam nos ex Ulixis ore accipimus, ab ipso poeta olim factae, id nostram rationem non evertit. Quid enim? necessario debuit νόστος ₅ apud Phaeacas enarrari? Quin illae ipsae particulae, quas modo notavi, suspicionem moveant, pristinam huius poematis formam infelici diasceuastarum opera esse oblitteratam, eo videlicet consilio, ut νόστος coniungeretur illi carmini quod Ulixis in Scheria commorationem exhibet; propterea mutilari oportuit et principium carminis et exitum, atque, ut ne obliviscéremur coram Alcinoo et Areta exponere labores suos Ulixem, parum apto loco iniectus est dialogus λ 328—384. Accedamus ad singula. In prooemio ι 1—39 plures occurrunt versus aliunde repetiti: 3—4 ex α 370, 13 ex λ 214, 33 ex η 258, 15 ex η 242, quae crebrae in tam exiguo spatio iam inventorum illationes facile produnt interpolatoris opus esse istam praefationem. Haec suspicio confirmatur maxime vs. 15. Dicit Ulixes ibi:

> τί πρῶτον, τί δ' ἔπειτα, τί δ' ὑστάτιον καταλέξω;
> κήδε' ἐπεί μοι πολλὰ δόσαν θεοὶ οὐρανίωνες.

Postponitur autem particula ἐπεί in his carminibus saepe subiecto, rarius obiecto, vel utrique (Od. χ 414), nusquam tamen practer versum ι 15 sensu causali. Ex Od. η 242 igitur interpolatorem desumsisse illa verba, cum illic naturalis sit particulae relatio, hic structura verborum contortior et abruptior, nemo non videbit, cum illum locum apposuero

> ἀργαλέον, βασίλεια, διηνεκέως ἀγορεῦσαι
> κήδε', ἐπεί μοι πολλὰ δόσαν θεοὶ οὐρανίωνες.

Non desunt alia argumenta, ex dicendi ratione depromta. Statim quinto versu offendimur vocabulo τέλος posito sic nude nec addito secundo casu, ut solet in Homericis carminibus, nec, quod idem est, praepositione (Od. ρ 496) adiecta. Τέλη praeterea aliquoties militum turmae dicuntur in Iliade, sed ea notione, quae hic requiritur, frustra hoc vocabulum apud Homerum quaeres. Aliquid insueti habet etiam haec constructio v. 11 τοῦτό τί μοι κάλλιστον εἴδεται pro τοῦτο ɢ κάλλιστόν τί μοι εἴδεται. Sequenti versu habemus medium ἐπετράπετο, quo Homerus non usus est: liceat enim hoc unius nomine omnes complecti, quotquot praeclara illa carmina condiderunt. V. 25 adiectivum χθαμαλή nova significatione est positum. Legitur praeterea Od. χ 196 λ 194 μ 101 notione humilitatis. Ea hic locum non habet, sequitur enim statim πανυπερτάτη. Qui de Ithaca prope continentem sita poëtam loqui putant, confiteantur eam significationem non esse Homericam. Adversatur tamen haec quoque notio situi reliquarum insularum, quae Ithacae sunt ab oriente.

Versus λ 328—384 recentioris ingenii fetum esse minus
erit difficile ad demonstrandum. Sufficiat vel illud αὐτάρ
(385), quo continuatur, quasi nil interiectum sit, Ulixis narratio. Nec intellegi potest, cur potissimum eo loco (v. 327)
finem dicendi heros faciat. Inutilis est Aretae quoque oratio
ad proceres Phaeacum, quia Alcinous, quae ab illis uxor postu-
laverat, rursus monet ν 7—15. Sermo saepius posteriorem
aetatem arguit, vide tantum ista: ἀπὸ σκοποῦ, ἀπὸ δόξης
μυθεῖσθαι, μῦθον καταλέγειν, μορφὴ ἐπέων. Devenimus ad
clausulam duodecimi libri, ubi eandem manum mihi agnoscere
videor in voce μυθολογεύω, nam etiam illic legimus λ 368
μῦθον δ᾽ ὡς ὅτ᾽ ἀοιδὸς ἐπισταμένως κατέλεξας, nusquam
praeterea apud Homerum nec haec locutio nec illud verbum
comparet.

Quod iam supra significavi, videtur hoc poema vetustis-
simum ι — μ antiquitus ampliore fuisse ambitu, fortasse —
si licet in hoc genere hariolari — errores Ulixis usque ad
reditum in patriam poeta fuerat complexus, ita tamen ut,
quemadmodum exceptus esset a Calypsone et a Phaeacibus,
brevius exponeret; quam partem alter poeta elegantiore et
cultiore sensu praeditus copiosius absolverit. Ea rhapsodiis
7 ε — ϑ continetur. Si in illo principe admiramur nobilem
quandam aeruginem antiquitatis, hunc praeter ceteros ex
Homerico cyclo nitidum, iucundum, artificem esse sentimus;
illic tenemur simplicitate et sublimitate, hic suavitate et dul-
cedine. Quid, ut hoc utar, garrulitate nativa, quae ex Nau-
sicaae oratione elucet, amabilius? quam felicissime expressit
poeta sermonis confusione quadam et anacoluthia. Ut autem
carmen suum insigni venustate et artis perfectione condidit,
ita videtur eo loco eaque aetate vixisse, ubi et externo vitae
cultu et morum amoenitate et intellegentia recti decorique
sensu multum Graeci profecerant. Vides poetam libentius
immorari aedificiorum, hortorum, navium descriptionibus
vitamque proponere splendidam, cantu et saltatione exhila-
ratam, unde nascuntur teneriores affectus, et sexuum inter
se commercium, quod iam frequentius est, amabili tempera-
tur pudore. Animadvertis etiam magis quam ceteros delectari
hunc scriptorem amoenitate naturae (unde suavissimas petiit

imagines ζ 162. 102. 231), quo in genere magnum discrimen
inter hunc et antiquiorem Odysseae auctorem invenias. Ille
si quando regionem depingit, ferum praebet ea et agrestem
adspectum: διὰ δρυμὰ πυκνὰ καὶ ὕλην sita est Circaea do-
mus; quacum conferas iucundissimum Calypsus recessum,
cuius circa antrum serpit vitis fecunda uvis, propter quod
fontes errant limpidi, per prata ἴου ἠδὲ σελίνου. Ipsos homines tales videas esse, qualis est quam habitant tellus. Ut
Calypso magis quam Circa Ulixis amore tepet, ita maestior
etiam est eius discessu, quam δεινὴ illa θεός, in quam bene
convenit illud ἐπίθετον ut in praestigiatricem perniciosam,
minime in Calypsonem, quae mollitiem potius sui sexus pro-
dit. Sed ut redeam ab hoc disputationis meae deverticulo,
intellego ipse istis omnibus non satisfacturum me criticae
severiori, nisi additis iis argumentis, quae ex sermonis indole
et huius carminis cum antecedente α — δ et sequente ι — μ 8
coniunctione ducta sint. Ea iam allaturus sum, cum pauca
praemonuero: ridebunt fortasse nonnulli obscuram diligentiam
hominis, qui beatam copiam poetae in tam arctos fines concludere audeat. Ac fateor in singulis plerumque rem valde
lubricam esse, si quid pro indubitato statuendum censeas.
Nec tamen oblocutionibus eiusmodi sensus certior quam ex-
plicatu facilior exstinguetur, quo nobis persuasum est χαρα-
κτῆρα communem quidem esse quendam Homericae poeseos,
sed cuius multae diversitates diligentiori lectori appareant;
quarum differentiarum cum una non multum per se efficiat,
consensum sane et nexum ad certum iudicium perducere
posse non desperamus. Incidimus autem in his libris ubique
in locos artificiosiore verborum structura insignes; pro exemplis sint ellipses liberiores (ut ζ 193 η 69 θ 108. 124), hyper-
bata in vetustioribus illis rhapsodiis non obvia (ut ε 155.
224 η 315), attractio quaedam θ 74, anacoluthiae ζ 187 θ 236.
Invenitur particularum et numerus maior et subtilior usus.
Novae in altera hac rhapsodiarum serie haece sunt: θήν
ε 211, εὖτε η 202, τοιγάρ η 28 θ 402; aliae novam significationem induerunt: οὕνεκα idem est atque ὅτι ε 216, ὡς
τε et ὡς 'quandoquidem' ζ 122, ὡς pro ὡς ὅτε ε 368; ἕως
'ut' ε 386 (ι 376 noli huc trahere); novo usu habes: μή

sequente indicativo ε 300, μή πως non antecedente verbo, quod
timorem notet ε 356. 415. 467; nova denique coniunctione
καίπερ η 224, οὖπερ ϑ 212, ἀλλά — μέν ε 188. 290. Etiam
adverbia nonnulla aliquid insoliti habent, ut ἵνα ‘quo’ ζ 55,
‘quando’ ζ 27; praepositiones, ut ἐν ἄλγεσιν ἰσοῦσϑαι η 212,
τετάνυστο περὶ σπείους ε 68, περὶ τρόπιος βεβαῶτα ε 130.
Videamus de synonymia. Arma navis exemplo sint, quae
eadem diversis uterque poeta nominibus appellat. Non re-
peritur in Od. ι — μ vocabulum πηδάλιον, usurpatur οἰήϊα
μ 218 vel οἰήϊον ι 483; nec πηδόν (η 328) illic occurrit.
9 σπεῖρον pro ἱστίον (ε 318 ζ 269) antiquior poeta non habet;
πόδες apud recentiorem funes sunt, apud illum non leguntur,
sed ποῦς νηός hic gubernaculum notat κ 32, funes πρότονοι
et ἐπίτονοι nominantur μ 409. 423: illic ὑπέραι, κάλοι et
quod modo indicavi, πόδες. Pro simplicibus τοίχοις μ 420 illic
invenis σταμῖνας et ἐπηγκενίδας. Ipsa navis nusquam σχεδία
appellatur in ι — μ. Haec omnia non videntur fortuita esse.
Etiam metricas rationes non neglegemus, nam hic quoque
haud pauca inveniuntur memorabilia: ut productio ultimae
brevis in vocabulis non solum trisyllabis, ut ποταμόν ε 460,
ὑψηλόν η 131, ϑάλαμον ϑ 277, sed in disyllabis quoque
ἀτάρ ε 108, κλιτύν ε 470, χρεῖος ϑ 355, δεσμόν ϑ 359, γαμ-
βρός ϑ 582. quin etiam in monosyllabis τόν ε 266, quae
nusquam locum habet in ι — μ, ubi tamen productio termina-
tionis brevis in polysyllabis multo frequentior est. Notabis
praeterea produci nominativum et accusativum secundae de-
clinationis ante ὡς, cum ea particula comparationi inservit,
ε 36 ζ 309 η 71 ϑ 173. Quod omisi supra, h. l. moneam,
hanc particulam ea ratione usurpatum non esse in ι — μ.
Idem de adverbio δήν dicendum: abest illic, in rhapsodiis
autem ε — ϑ aliquoties est obvium, ubi syllaba antecedens
quasi duplicata littera δ producitur. Caesura hephthemimeres
aliquanto saepius in his libris usurpatur, quam in ι — μ. vide
ε 296. 341. 418. 423 ζ 155. 200 η 90. 120. 123. 252 ϑ 191.
219, ne eos versus addam, in quibus post tertiam quoque
arsin verbum finitur. Ut tandem mythologiam quoque attin-
gam, non mirum aliquem habeat, quod Minervae semel tantum et obiter mentio est facta in ι — μ (ι 317) atque ex

transformationis periculo Ulixes a Mercurio servatur, non ab
illa sua fautrice, quae in ε—ϑ alumno suo ubivis praesto est?
Ubinam audimus invocatam ab Ulixe Minervam per quatuor
rhapsodias prioris illius carminis? Quamobrem a vero desci-
visse dicamus licet poetam, qui heroem illa ζ 324—327 lo-
quentem faciat. Quid? si Minerva Ulixi in pelago opitulari 10
non potuit, cur deserit eum in terrestri pugna cum Ciconibus,
apud Laestrygonas? cur non subvenit apud Circam, adversus
Scyllam? Et poterat eius deae dici beneficium κ 157, quod
cui debeat numini nescit Ulixes.

Harum animadversionum summa si non evidentiam, certe
verisimilitudinem posterioris originis rhapsodiarum ε — ϑ
pariet. Vix ulla remanebit dubitatio, si quis frequentes an-
tiquioris carminis repetitiones reputaverit. Minus quidem
efficiunt loci ε 390 ex ι 76, ε 391 ex μ 168, ε 400 ex ι 473,
ε 412 ex κ 4, ε 420 ex κ 76, ε 483 ex ι 330, η 320 ex κ
66, ϑ 562 ex λ 15 iterati, cum adeo sollerter alienis inventis pro suis usus sit scriptor, ut, si ereptum nobis esset
carmen illud prius, mutuatum ista esse nulla suspicio nasce-
retur. Sed illo studio celebrata superiorum poetarum dicta
novis carminibus includendi, quod auditoribus illius saeculi
valde probabatur, hunc quoque excellentem auctorem ut aliquoties minus apto loco aequalium sensui indulgeret, per-
motum esse dixerim. Huc pertinet η 41 translatus ex κ 136.
Inprimis ad hanc demonstrationem idoneus locus est in ε
179 et 187 ductus ex κ 344 (cf. 300). Ibi verbis μή τί μοι
αὐτῷ πῆμα κακὸν βουλευσέμεν ἄλλο Ulixes Circam allo-
quitur, quippe quae comites in sues mutaverit, metuens ille,
ne sibi quoque paret perniciem, αὐτῷ igitur respectu soda-
lium dicitur, ἄλλο ratione mali, quod illis acciderit, habita.
Horum neutrum convenit in alterum locum ε 187. A Calypsone timere minime poterat heros, ne doli quid in se stru-
eret, nam neque alii cuiquam insidiata erat, nec ipsi Ulixi
umquam ullum malum fecerat.

Hoc volumine relicto ad tertium accedimus (α — δ), quo
τίσις μνηστήρων praeparatur. Mentio eorum perraro in libris
ι — μ facta est, nusquam excepto prooemio in ε—ϑ. Sed
illic quoque conicere aliquis possit versus, quibus agitur de 11

3*

procis, a primo poeta non esse profectos (λ 115—120). Concluserim equidem hoc ex oratione cum Circae μ 141, ubi [etiamsi perinde atque λ 113 sq. legitur αὐτὸς δ᾽ εἴ πέρ κεν ἀλύξῃς, ὀψὲ κακῶς νεῖαι ὀλέσας ἄπο πάντας ἑταίρους, tamen] non additur versus νηὸς ἐπ᾽ ἀλλοτρίης, δήεις δ᾽ ἐν πήματα οἴκῳ, quamvis fatidica sit Circa (μ 273), tum Anticleae λ 181 sqq., secundum quam Telemachus a nemine sollicitatus munere ἀνδρὸς δικασπόλου fungitur. Omnia alia narrat poeta, qui primos Odysseae libros composuit (β 312), ubi cum vixdum adolevit Telemachus, tres iam annos exhauserunt proci domum regiam. Nescio an ι 535 quoque expungi debeat. Certe rationes illae non patiuntur auctorem rhapsodiarum α—δ eundem haberi cum scriptore ι—μ. Est vero alius etiam atque ille cui ε—ϑ tribuimus. Quod ut credam facit oeconomia carminis a similitudine veri valde abhorrens, cum Minerva, cui nihil maiori est curae quam ut Ulixes Calypsoni eripiatur, tamen non flagitat, ut statim illuc ablegetur Mercurius, sed antea Telemachum ad peregrinationem inutilem excitat. Tale consilium capi a dea rerum condicioni minime accommodatum est, ac placeret multo magis, si primi undeoctoginta versus rhapsodiae α, omisso tamen prooemio, cum vs. 29 rhapsodiae ε coniungerentur. Initium rhapsodiae ε emblema est recentius. Nullibi apertior est interpolatio, quam in vss. 7—20, quo loco quae Minerva deorum concilio nuntiat, ea omnia eisdem fere verbis in libris superioribus iam audita sunt. Frustra quaeres alibi apud Homerum talem centonem. Quin repetitiones eorundem locorum frequentiores in Homericis carminibus vulgo putantur quam sunt: adhibentur eis tantum locis, ubi variatio haberet aliquid quaesiti, ut in Iliadis B principio. Illic autem ε 7—20 vereor, ne is, qui congessit ista, hac compilatione ineptum se dederit. Quid enim? Querelae de ingratis Ithacensium animis in Ulixem multum scilicet valebunt apud Iovem, ut eum ad suos reducat? Sed eidem versus aptissimi sunt in oratione Mentoris 12 β 230 sqq. Tum v. 13—17 Minerva patri suo, tamquam seni hebeti et oblivioso Ulixem apud Calypsonem retineri denuo narrat, Protei verba ex δ 557—60 iterans. Et vatem illa decent, at hic quam languida sunt in ore Minervae,

praesertim comparata cum praeclaris versibus α 50 sqq.? Cur
denique queratur dea de procorum insidiis, a quibus Telemacho nil mali timendum esse paullo ante ipsa per somnum
Penelopae indicavit?

τοίη γάρ οἱ πομπὸς ἅμ᾽ ἔρχεται, ἥν τε καὶ ἄλλοι
ἀνέρες ἠρήσαντο παρεστάμεναι — δύναται γάρ —,
Παλλὰς Ἀθηναίη (δ 826 sq.).

Hic monet quidem Nitzschius, in hac Minervae oratione
recenseri breviter capita Odysseae et actionis quam conti-
neant quatuor primi libri summam, quod negari nequit, sed
mallem demonstrasset talem ἀνακεφαλαίωσιν fuisse necessa-
riam, nec alio modo institui debuisse. Quodsi poeta voluis-
set auditores recordari eorum, quae iam narrata essent, poterat hic illic eorum mentionem inicere, res notas novo orationis cultu repetens. Ut nunc res se habet, satis manifestum
est diasceuastae infelix studium νόστον cum τίσει conectendi.
Ceterum primi quatuor libri pauciora imitationis indicia prae-
bent, eaque fere omnia sunt in tertio et quarto, cf. δ 427 sqq.
Ab interpolatore profectam dixerim Antiphi, quem devora-
verit Cyclops, commemorationem β 19.

In fine quartae rhapsodiae eo res perducta est, ut ultio-
nem procorum non procul abesse exspectemus, Ulixe mox
affuturo, quae tamen exspectatio interpellatione octo librorum
ex animo plane excutitur. Videtur autem haec insertio tam
amplorum poematum etiam gravius diversae originis argu-
mentum esse, quam mala temporis, quae inde oritur, distri-
butio. Quin concedo numeros dierum in carmine epico tam
accurate expendi non debere; et mirum sit, si auditores
rhapsodiae ε (qua duodeviginti dies navigationis ex Ogygia 13
in Scheriam obiter tanguntur) in rhapsodia ν et ο computatio illius rationis quamvis perversae male habeat. Auditores dico, non lectores, qui evolvendo longe dissidentes vo-
luminis partes conferre possunt. Sed hoc ipsum silentium de
Telemacho, de procis tam diuturnum, interposita rhapsodiarum serie ε — μ, quibus ad finem usque audiendis antecedente quidem prima librorum α — δ quadriga nemo facile
aures praebuerit, confirmare possit nostram rationem. De-

lectatio enim, quae ex apta partium compositione capiatur,
exigua est attendendo defatigatis. Sed contemplemur iam
accuratius istam discrepantiam. Nihil fortasse interest scire,
quomodo sodales Telemachi tempus interea triverint, cur
non mirentur illum tam diu desedisse Spartae. Rationem temporis nullam haberi iam neglegamus et ducamus pro nihilo.
Tamen erit quo offendamur, cum videmus Telemachum, antea
tam anxium, sollicitum, omnis morae tam impatientem, qui
noluerit comites retineri diutius Pyli, quem currentem inci-
tarat Nestor monens ne amplius incustodita sua bona relin-
queret inimicis, qui denique quam primum domum redire,
ne mater angeretur, properaverat, cum eundem videmus sine
ulla cura (ν 423 sq.) remanentem apud Menelaum, qui Telemacho, quasi otiosus sit, si per Graeciam totam iter facere
velit, comitem se fore promittit, plane immemor eorum quae
Telemachus dixerat δ 594 sqq. Sed hic quoque nescit Men-
torem bonorum custodem Ithacae relictum (cf. β 226 cum
ο 89) neque meminit, ut δ 598, a sodalibus se exspectari.
Contra mentionem poculi, quod donum hospitale pollicitus
erat Telemacho Menelaus, hic iterari minime erat necessa-
rium. Displicet denique, quod Penelopa, egregium maternae
caritatis et coniugalis fidei (in primis libris) exemplum in-
digna suspicione hic deformatur. Quis in istis omnibus non
14 agnoscat recentioris poetae additamentum alteramque editio-
nem eius operis, quod nobis ad quintum usque librum Fortuna servavit?

Felicissimam operam posuit auctor huius partis (ν — π)
in exprimenda pastorum et agricolarum vita, inprimis Eumaei
persona delectamur, cuius in superioribus rhapsodiis ne nomen quidem accepimus. Saeculo, quo hoc poema factum est,
vivendi genus eum in modum erat mutatum, ut homines
cupidius studerent quaestui, ideoque laboriosiores et industrio-
siores evaderent; magis iam florebat in Graecia mercatura,
primum enim nunc Cretes et Phoenices in Odyssea comparent τρῶκται, πολυπαίπαλοι, ἀπατήλια εἰδότες. Iam evane-
scit nobilium splendor; in commendatione assiduitatis et
industriae similitudinem quandam Hesiodei carminis offendimus. Plura in posterioribus rhapsodiis huc pertinent; ut is

locus, ubi mendicus Eurymachum provocat, ut arandi et de-
metendi ineat secum certamen σ 366 sqq. nec non huc faciunt
frequentes mendicorum contumeliae, olim inviolabilium ac
supplicum loco habitorum; Telemachi quoque sententia ne-
minem otiosum a se domi suae tolerari hic afferri debet
(τ 27). Denique ut singulare quiddam notemus oraculorum
et vatum multo frequentiorem consultationem, et ominum
varii generis, ne sternutamentis quidem neglectis, cupidam
captationem. Inserta est, ni fallor, a recentiore scriptore
Theoclymeni persona carmini vetustiori ν — π. Is ad hoc
ipsum accitus esse videtur, ut nusquam desit vaticinandi copia.
Quae ultimo loco effatur (υ 351), conferri possunt cum ora-
culis nonnullis apud Herodotum, ubi Pythia quasi in con-
spectu habens, quae futura sunt, vehementius commota de-
plorat instantes calamitates (cf. Herod. VII 140). Plane alia
est Halithersis, qui eadem praedicit, divinatio.

Haec dicta sint de omnibus posterioris partis rhapsodiis
(ν — ω), sed paullisper etiam morabimur in quatuor priori- 15
bus ν — π examinandis. Ante oculos habuit tria illa maiora
opera, quae diversis poetis supra assignavimus, is cui hoc
quartum carmen debemus. Conferatur in uno libro ξ vs.
57 sq. 175. 510 cum ζ 207 sq. 163. 192, vs. [6]. 135. 137.
367—371 cum α [426]. 161. 166. 237—241, porro vs. 242.
421 cum γ 131. 266, [44 cum δ 833], tandem vs. 256. 301
—4. 313 cum ι 78 μ 403—6. 425: quarum repetitionum et
numerus suspicionem excitare queat et ratio qua illatae sunt
in hoc carmen.

Commissura antecedentium poematum cum isto maxime
in fine libri ν conspicua est. Satis friget ante actorum re-
censio 315—340, Minervae excusatio, cur Ulixem non ad-
iuverit; displicet quod iterum comparatur reditus Ulixis cum
Agamemnonis, denique quod dea illa de inutili itinere Telemachi apud Ulixem se purgat [v. 421 sqq.]. Equidem, cur
haec ita instituta sint, sic tantum explicuerim, ut arbitrer interpolatorem vel certe poetam recentiorem sensisse, quam multae repugnantiae necessario essent exstiturae conexione carminum olim non coniunctorum: quas ut aliquo modo tolleret,
hunc sermonem intexuit. Offendimus autem hic quoque non

paucas repetitiones cf. ν 264 cum ϑ 183, 282 cum χ 31, 296 cum γ 240, 316 sq. cum γ 130 sq., 337 sq. [342 sq.] cum λ 182 sq. [103 sq.], 349 cum ι 183, 380 sq. cum β 91 sq., etiam 419 cum β 370.

Aliquanto difficilius est accurate distinguere fines partium, quae in altero hoc Odysseae volumine ν — ω a diversis scriptoribus profectae sint, quia plura in ν — π, quos libros antiquiores esse crediderim, insunt quae non ab ipso poeta, qui patris a filio ἀναγνωρισμόν exhibuerat, inserta videantur. Fortasse aliquid efficiat una res, etsi non magni per se momenti. Utar enim hic Koesii observatione, quam Spohnius quoque laudavit. Comparat ille ρ 195 cum ν 437; hoc loco 16 baculum a Minerva accipit Ulixes, illo ab Eumaeo scipionem postulat. Leve sane hoc est, sed eiusmodi tamen, quod non facile potuerit uni auctori utriusque carminis ν — π et ρ — ψ excidere. Itaque in rhapsodia ρ certe novum auctorem invenio; discrepantiam videre licet praeterea versibus ν 423 et ρ 148 conferendis. Apertiora diversae originis indicia praebet investigatio grammatica. Primum enim inde a rhapsodia ρ dictiones et structurae orationis comparent, quae postea valde in usu fuerunt vel pedestris sermonis: ut demonstrativum antecedente articulo αἱ κύνες αἵδε τ 372, accusativus quem absolutum dicunt τ 221[?], οἷός τε sequente infinitivo saepius in ρ σ φ χ, μίν de re, non persona ρ 268[1], ἡμέτερος· pro ἐμός τ 344 χ 464, ὁπποῖ' ἄσσα τ 218, ὅπως sensu temporali χ 22[2], ὡς cum accusativo motum ad aliquem hominem significante ρ 218. Nova etiam sunt αὖθι 'statim' σ [91]. 339, ἐνταυθοῖ pro ἐνταῦθα, ἄγχι 'mox' τ 301, πρῶτα 'inprimis' ρ 595, τοιόνδε 'tam bene' ψ 18. Recentius saeculum redolent vocabula εὐνομίη [ρ 487], ὁσίη[3], ἡσυχίη [σ 22], Ἠριγένεια usurpatum pro substantivo χ 197 ψ 347; verba significatione prioribus insolita, ut ὀτρύνω 'mitto', ἀναβάλλω 'differo' τ 584, ὀλοφύρομαι 'non audeo'

---

1 non vere scripsi μιν· de re solum ρ 268 occurrere, est etiam ι 120. *Ex addendis.*

2 [at ita etiam γ 373 *M* 208.]

3 [χ 412, at idem iam π 423.]

χ 232, λεύσσω 'delibero' ψ 124; vel nova conformatione, ut σκηρίπτομαι ἀλυσκάζω δεικανάομαι ὀπιπτεύω τρωπάω γελοιάω ἀγρεῖτε, ὀρώρεται τ 524, ὀίεται impersonaliter τ 312. Iliadem imitatus est in canendo procorum supplicio, hinc ista: ἱππόδασυς ἑτεραλκής τετραθέλυμνος φθισίμβροτος, κεκορυθμένος ὀξέι χαλκῷ, κραδάω θλάω πτοιέω ἐπιῤῥώομαι ἔβραχε πέφαται ἐπιγράφω φέβομαι δονέω σημαίνω ἀτύζομαι alia, quae in Odyssea sunt rarissima vel nusquam obvia, in altero carmine passim inveniuntur. Inclinat hic scriptor ad usurpanda adagia vel talia dicta, quae adagiorum aliquid simile habent, ut αὐτὸς γὰρ ἐφέλκεται ἄνδρα σίδηρος [τ 13], σῷ ἐπιστάτῃ οὐδ' ἅλα δοίης [ρ 455], πικρὴν Αἴγυπτον καὶ 17 Κύπρον ἰδέσθαι [ρ 448], οὐκ ἀπὸ δρυός ἐσσι οὐδ' ἀπὸ πέτρης [τ 163]. Ad Herodoteum morem philosophantis est illud [σ 142] σιγῇ δῶρα θεῶν ἔχειν. Omnino amat hic poeta γνώμας inserere, quod nusquam facit auctor rhapsodiarum ι — μ (exceptis nimirum eis partibus quas spurias esse supra ostendebamus).

Orationem multo ieiuniorem, laxiorem, nimia interdum brevitate laborantem, minus tamen simplicem et nativam esse vix quisquam neget. Est vero etiam plane alius et rerum et personarum habitus. Sic, ut hoc afferam, ancillae Penelopae, quales antea non cognoveramus, impudentes sunt et libidinosae, ut maligna illa Melantho, cuius nomen in α — δ nusquam erat auditum. Nova persona etiam Eurynoma est. Ipsa regina ad artes prope meretricias descendit σ 206 sqq. Ac quomodo haec mulier, cuius fides et prudentia in primis rhapsodiis dilaudatur, tam subito consilium potuit inire nubendi proco, quicunque arcum Ulixis tetendisset, eo ipso tempore, quo Ulixes personatus se certo comperisse de prope instante mariti reditu indicaverat? Itaque haud dissimile veri habuerim, fuisse in carmine vetustiori Ulixem prius agnitum a Penelopa eique suasisse illum, ut certamen sagittandi proponeret procis. Ex ea coniectura facile explicabis, quod Nitzschio scrupulum iniecit: cur Penelopa, dum lavatur Ulixes, etsi adest ipsa, tamen quae ante oculos eius aguntur, omnino non sentiat. Silentium nimirum ei a marito impositum erat.

Paullatim immutatum esse carmen, quod a principio exstitisset, recentiorum poetarum lubitu, qui eandem materiam 18 ex suo sensu ornare vellent, multae earundem actionum iterationes arguunt. Eaedem fere scaenae redeunt σ 346 et v 284, σ 321 et τ 65; omina, quod iam notavi, ad fastidium usque repetuntur. In rhapsodia v narratio admodum neglegenter est instituta, cum Telemachus postquam in forum abiit (146), repente in regia est (257) nulla mentione reditus ex foro facta; pari levitate procorum consilium de Telemacho necando memoratur (241—246). Cyclicorum exilitatem potius quam Homeri felicem copiam hic invenias. Nobis certe videtur epicum genus in his libris iam naturam suam quodammodo exuere, et multa inesse illis, quae cyclico, gnomico, elegiaco generi magis conveniant. Sed quo minus nitet virtus poetica, eo maiorem laudem suae arti tribuunt ἀοιδοί, ut postea lyricorum mos fuit. Pro exemplis sint plures loci in rhapsodiis ϱ et χ et in recentioribus librorum ϑ et λ partibus.

Extremam Odysseae partem Spohnius peculiari libro etiam posteriori saeculo quam proximas rhapsodias assignavit manifestis argumentis. Igitur ex nostra ratione sex auctores Odysseae numeramus, quorum primus νόστον totum Ulixis pro materia sumsisse videtur, ita tamen ut brevior fuerit in enarrandis Ulixis calamitatibus, quas a Calypsone domum rediens expertus fuisset; quam partem secundus poeta uberius exornavit. Tertius vindictam de procis sumtam celebravit; eius carminis dimidia tantum pars nobis servata est (α — δ). Nam quartus poeta aetatis suae ingenium adumbrans, multa ex illius opere immutavit. Ne huius quidem carmen integrum habemus, quintus enim, qui sequioris etiam saeculi mores exprimere mallet quam antiquiora carmina intacta relinquere, rhapsodias ϱ — ψ renovavit; ita in epico 19 genere magis magisque cadente pulcri sensu factum est, ut opera illa vetustiora ac meliora obsolescerent. —

Iam ad Iliadem accedamus. L. Hugius vir doctissimus et eloquentissimus egregium huius ἔπους descriptionem exhibuit, quam nemo leget, qui non vel invitus inter legendum unum poëtam Iliadis esse credat, tanta vis est facundiae.

Nam is, qui ipsum carmen attente consideret, hic illic in dubitationem incidat, ne res se habeat aliter. Neque proficiet quidquam Nitzschii sententia, Iliadem cum Patrocli nece absolvi non potuisse; quo argumento Hugius quoque nititur, magis specioso quam vero. Ut enim valde est probabile, diversorum carminum, ex quibus nunc Odyssea constat, multa et egregia esse perdita, cum recentiores poetae iam tractata iterum cecinissent, antiqua pro saeculi sui studio refinxissent et variassent, diasceuastae autem haec carmina suo arbitrio conglutinassent, sic Iliadem dixerim item ex pluribus poematis non una aetate compositis in istud volumen redactam esse. Ponamus iam Achillis iram et otium Graecis perniciosum, Patrocli caedem, Hectoris denique exitium uno carmine unum poetam complexum esse, partes eius ἔπους alios ornasse et ampliasse suis inventis: quid est quod nos vetet credere carminis illius pristini nonnisi fragmentum ad posteros pervenisse, cetera cum argumento ipso animos auditorum magis tenerent ac saepius eorum recitatio postularetur, multo plures etiam experta esse immutationes? Meo quidem sensu ultimae Iliadis rhapsodiae, in quibus actioni fastigium imponitur, $\Sigma — \Omega$ nequaquam a nitore et pulcritudine pares sunt primis $A — Z$, sed exitum carminis multitudo certe iucundius quam principium audiebat. Itaque rhapsodi his locis virium suarum periculum faciebant, supponentes ἐννεάβοι' 20 ἑκατομβοίων. Multum lucis accipit haec coniectura ex comparatione Odysseae, etsi praestat ex ipsorum carminum indole argumenta diversae originis repetere. Il. $A — B$ 484 eiusdem scriptoris sunt, sed navium qui dicitur catalogus insiticius est habendus. Plurima eius rei suppetunt indicia, quorum uno contenti erimus: exercitus Graecorum in Scamandrium campum convocatus a ducibus ordinatur, itaque procedere nequit: vs. 476 legimus

> ὣς τοὺς ἡγεμόνες διεκόσμεον ἔνθα καὶ ἔνθα
> ὑσμίνηνδ' ἰέναι.

vs. 780—85 ubi Graecorum index finitur, iam in cursu sunt: μάλα δ' ὦκα διέπρησσον πεδίοιο, quod plane adversatur narrationi, quae Γ 1 his verbis continuatur:

αὐτὰρ ἐπεὶ κόσμηθεν ἅμ' ἡγεμόνεσσιν ἕκαστοι,
Τρῶες μὲν κλαγγῇ τ' ἐνοπῇ τ' ἴσαν, ὄρνιθες ὥς — —
8 *οἱ δ' ἄρ' ἴσαν σιγῇ μένεα πνείοντες Ἀχαιοί.*

Perspicies inde Graecos quoque, priusquam Troiani progrediantur, adhuc consistere, cum ἕκαστοι ad utrumque exercitum referendum sit, et οἱ δ' ἄρ' ἴσαν ad ἐπεί. Eam repugnantiam inde deduco, quod interpolator ubi eo pervenit
ut Troianas copias recenseret, transitum ad eas insuaviorem
fore viderat, nisi antea memoriae auditorum, quid ageretur,
iterum inculcasset: quod cavit ille quidem, sed ita ut Scyllam vitans in Charybdim inciderit. Quippe plane turbatur
ordo narrationis istis versibus 780—785, in quibus etiam
dicendi genus offendit valde affectatum et quaesitum (cf. *B*
465 sq.), Hesiodeum potius quam Homericum. Ut enim de
Typhoeo taceam alibi apud Homerum non nominato, certe
ex locutionibus *γαῖαν ἱμάσσῃ, πυρὶ χθὼν νέμοιτο* conspicuus
21 est alterius poetae stilus. Ceterum alii diiudicent, num non
plane abhorreat ab Homericorum poetarum ingenio talem
indicem conficere, quo plurimi heroes obiter, nomine patris
ac patriae addito, recensentur, priusquam eos ipsorum facta
et fata narrando poeta nobilitaverit. Sed ne diutius in isto
catalogo haereamus, eas potius partes tractemus, quae ad
μῆνιν Ἀχιλλέως propius pertinent. Ad octavam usque rhapsodiam res a Graecis non male geritur, donec uno fere temporis momento, *ἐν ῥιπῇ ὀφθαλμοῦ*, simulac sauciatus est
Teucer, omnes illorum excellentissimi duces Aiax Diomedes
Ulixes Idomeneus in castra compelluntur. Parum sane convenit Aiacis ingenio tam festinanter ad Achillis auxilium
confugere nec ante facere suae virtutis periculum, quam ab
Achille cum ceteris legatis infecta re dimissus est. Itaque
crediderim rhapsodum aliquem in Atheniensium gratiam locum
illum de Teucro induxisse, ita intercidisse longioris certaminis descriptionem, qua magis ad veri similitudinem clades
Graecorum praepararetur ac sensim augeretur: quae coniectura firmatur comparatione versuum Θ 324 sqq. cum *M*
336; hic enim Teucer, qui Θ 326 mortiferam plagam acceperat, inter pugnatores comparet salvus et integer. At excusari potest, inquit, illa carminis adornatio, ut principes

Graecorum etiam prius quam vulnerati desinant interesse pugnae, Achilli pro rege atque exercitu supplicent: nam Patroclus tum demum ab Achille veniam opitulandi Graecis impetrabit, cum ipsi principes a pugna impedientur vulneribus. Sed ne talem partium cohaerentiam olim exstitisse credam, verba Achillis faciunt *Π* 72 sq. εἴ μοι κρείων Ἀγαμέμνων ἤπια εἰδείη. Quasi Agamemno non descenderit pridie ad omnes condiciones quamvis ipsi turpes et indecoras! etiam, 22 quae in principio orationis suae dicit Achilles, praecipue *Π* 60—62 tam moderatum produnt animum, ut nullo modo idem esse possit cum eo, quem poeta rhapsodiae nonae exhibuit. At ne poeta quidem hic idem est cum illo: hic enim superbam Agamemnonis repulsam aut ignorat aut neglegit consulto, apud hunc Achilles benevolentiam regis minime spernit, lubens desistit ab ira, quin dona exspectat, inprimis Briseida suam sibi redditum iri, quam *I* 336 et 345 acerbissime repudiaverat.

Ipsum carmen *I*, quod in praestantioribus Illiadis partibus habendum est, nolim ei poetae cui *A—Z* debemus, tribuere. Recentior enim est orationis forma, et posteriorem originem etiam repetitio versuum ex *B* 111—118. 139—141 (*I* 18—28) arguit. Singularum rerum examinationem nunc omittam, properans ad extremam Iliadis partem: eam definio rhapsodiis *Σ—Ω*, etsi in rhapsodia *Σ* nonnulla ex priori carmine servata esse videntur: cetera magnopere distant a superiorum librorum tenore, simili ratione atque Odysseae ultima deteriora sunt antecedentibus. Hic quoque genus dicendi offendimus modo exile, tenue et languidum, modo nimis ornatum ac redundans, multa prolata ὑπερβολικῶς, ut *Ψ* 15 *T* 362 *Ψ* 135. Redundantiae sermonis hoc exemplum maxime dignum visum quod afferretur: quod non solum singula vocabula, quae sua significatione insignia sunt, nimis saepe in eodem enuntiato repetuntur, ut *T* 316. 317 *Φ* 375. 376, *T* 403. 404, sed tota etiam commata cf. *T* 371. 372 *X* 127. 128; ib. 199. 200 *Ψ* 641. 642; similis locus est etiam *Φ* 352—355. Ista tam singularia sunt, ut vel sola pro certis documentis, eos libros ab alio poeta profectos esse accipi queant. Nam nihil eiusmodi exstat in reliquis Iliadis (si 23 navium catalogum excipias *B* [671 sqq.] 870 sq.) et Odysseae rhapsodiis. Possumus multa, quae minoris momenti sunt, quaeque diligenter collecta in schedas coniecimus, promere, ut syllabam φι(ν) additam pronomini αὐτός *T* 255 *T* 140 *Ψ* 640, formas πεφυξότες νεοίη δεδουπότος, innumera huius generis, sed quae h. l. sufficere putamus ad diversam Ἀχιλ-ληΐδος huius originem demonstrandam, aliis observationibus augere supervacaneum fuerit. Hoc unum addemus: ultima rhapsodia nonnullis VV. DD. quasi coronare videtur opus, quia sic Achillis ingenium admodum acerbe et crudeliter ex-sequentis vindictam emollitum appareat et mitissimo huma-nitatis sensu nobilitetur. Sed haec magnanimitas multum sui splendoris eo amittit, quod Achilles Hectoris cadaver nonnisi Iovis iussu et excellentium donorum exspectatione commotus reddit (*Ω* 594). Facile quidem est hanc scaenam pulcherrimis coloribus illustrare: assiduus Homeri lector tali-bus pigmentis non falletur, attendet nexui unius cuiusque car-minis cum aliis, et singularum partium inter se differentiam notabit: accurata eiusmodi animadversio vix ullam patietur residere in animo dubitationem, quin haec Iliadis rhapsodia ordine extrema, aetate quoque postrema sit. Ceterum ex eis quae de Iliade demonstravimus patefit, huius carminis, quale ad nostram usque aetatem diasceuastarum opera propagatum est, non pauciores quam Odysseae scriptores exstitisse, ex-ceptis eis qui breviora condiderunt episodia, quorum numerus aliquanto maior in Iliade est quam in Odyssea.

DE INTERPOLATORE HOMERICO

Dissertatio quam pro munere professoris publici extraordinarii in ordine philosophorum academiae Ruperto-
Carolae rite suscipiendo scripsit C. L. K., ph. d.

.   Heidelbergae, typis Georgii Reichardi
MDCCCXLII.

Originem interpolationum Homericarum indagaturi proficiscamur ab Alexandrinorum, praecipue Aristarchi obelis, quorum magna pars suum locum tuebitur, ut Il. *A* 767—785 ὅτι ἡ σύνθεσις αὐτῶν πεζὴ καὶ διαφωνεῖ τοῖς ἐν ταῖς Λιταῖς ταῦτα "Πηλεὺς μὲν ᾧ παιδί" κτέ. (Il. *I* 254) ... καὶ ὅτι ἃ Πηλεῖ ἐπέβαλλε ποιεῖν ὁ Ἀχιλλεὺς πράσσει, αὐτὸς δὲ ὡς εἴδωλον σπένδει ...., ὁ δὲ Πηλεὺς οὐδ' εἰ πάρεισι προσποιεῖται κτέ. (Ven. A). Frustra adversus haec defensionem conatur B facere, dicens: πῶς γὰρ ὧδε μὲν Πηλεὺς ἀριστεύειν ἐπιτάσσει, ἐν δὲ ταῖς Λιταῖς μεγαλήτορα θυμὸν ἴσχειν; ὅτι οὐ δέονται παρ' αὐτοῦ, τούτου ὑπομιμνήσκουσιν, ὁρᾷ γὰρ ὁ Νέστωρ, ὡς ἐλώφησε νῦν τῆς ὀργῆς. Non enim potuit pater ad utrumque cohortari Achillem; praeterea versiculus 784 ex Il. Z 208 translatus est. Pergit: καὶ διὰ τί Πηλεὺς τοὺς περὶ Νέστορα οὐ φιλοφρονεῖται, ἀλλ' Ἀχιλλεύς; σπουδάζει ἀποδεῖξαι Ἀχιλλέα τότε μὲν προθύμως ὑποδεξάμενον, νῦν δὲ ἀποδοκιμάζοντα. Longius hoc repetitum. Vera causa est, quod placebat scriptori horum versuum ex Il. *I* 193 repetere illud ταφὼν δ' ἀνόρουσεν Ἀχιλλεύς, quo semel accepto officium salutandi relinquebatur eidem.

Alius locus, qui iure reprehensus est ab Aristarcho, statim legitur *A* 802 et 3: ἀθετοῦνται ἀμφότεροι καὶ ἀστερίσκοι παράκεινται, ὅτι οἰκειότερον κεῖνται πρὸ τῆς Πατρόκλου ἐξόδου (Π 44), ὅτε καὶ τῷ ὄντι κεκμήκασι τῆς ἐπὶ ναυσὶ μάχης συνεστώσης· οὐδὲ γὰρ νῦν (cod. ἃν) συμβέβηκεν ἤδη τοὺς Τρῶας ἐπὶ ταῖς ναυσὶν αὐταῖς καὶ ταῖς κλισίαις εἶναι ἐντὸς (l. ἐκτὸς) τοῦ τείχους γεγονότας.

Plura eius generis invenimus in octavo libro. Vide 4 Θ 185, ubi haec annotantur in BLV ἀθετεῖται ὁ στίχος, πρῶτόν γε καὶ διὰ τὸ σύ, εἶτα διὰ τὰ ὀνόματα· Λάμπος γὰρ τῆς Ἠοῦς ἐστιν ἵππος, Ξάνθος Ἀχιλλέως, Πόδαργος Μενελάου, Αἴθη Ἀγαμέμνονος, ἣν Αἴθωνα νῦν εἶπε μετατιθεὶς τὸ γένος (vid. ψ 246 T 400 Ψ 295). En quam solerter istos equos poeta quasi mutuatus est ab Aurora Achille Agamemnone Menelao.

Nec abhorret a recto criticus, cum adscribit vs. 189 γελοιότατος ἐπὶ ἵππων ὁ στίχος, ὅτι οἶνον ἵπποι οὐ πίνουσι· καὶ "ὅτε θυμὸς ἀνώγοι" εἰς μέθην γελοῖον. Nimirum haec eadem de Demodoco illo Phaeacum cantore dicuntur Od. θ 70. Mittamus, quae in vss. 231. 235. 284. 371. 385. 390 notantur. Graviora enim sunt, quae leguntur 420—24 ἀθετοῦνται στίχοι πέντε, ὅτι ἐκ τῶν ἐπάνω (406) μετάκεινται. ἱκανὸν δὲ ἦν εἰπεῖν ὅτι οὐκ ἐᾷ ὁ Ζεύς, καὶ ἀποκαθίσταται ἐπιεικὲς ὂν τὸ τῆς Ἴριδος πρόσωπον· οὐ γὰρ ἂν εἶπεν "κύον ἀδδείς". Sane haec ·compellatio durior quam pro Iride est, eaque ex sermone Iunonis (Φ 481) repetita; addi poterat, deabus non esse tantos animos, ut cum ipso Iove pugnare conentur, denique πελώριον ἔγχος huc fluxisse ex E 594. Nil agit defensor in B: ἀθετοῦνται διὰ τὸ τραχύ· ὅσῳ δὲ δεινά ἐστι, τοσούτῳ τὴν κηδομένην ἐμφαίνει. θεραπεύεται δὲ καὶ διὰ τοῦ "εἰ ἐτεόν γε τολμήσεις"· οὐ γὰρ ἄντικρυς αὐτὴν ἀναιδῆ λέγει, ἀλλ' εἰ ἐθελήσειε μάχεσθαι τῷ Διί. πιθανῶς δὲ οὐκ ἤρκεσεν αὐτῇ ἀπαγγεῖλαι μόνον τὰ παρὰ Διός, ἀλλὰ καὶ παρ' αὐτῆς τι προσέθηκε. τοιαύτη δὲ ὁρᾶται καὶ ὅτε πρὸς τὸν Ποσειδῶνα πέμπεται, οὐ μόνον τὴν τοῦ ἀγγέλου, ἀλλὰ καὶ τὴν τοῦ συμβούλου ἀποπληροῦσα χώραν. At quanto modestior Iris in O 201 quam hoc loco.

Deinde audiamus censorem vss. 475 sq. ἀθ. στίχοι δύο. ὅτι διὰ τοῦ "ἤματι τῷ" πλείονος χρόνου ὑπέρθεσιν σημαίνει, τῇ δὲ ἑξῆς ἐπὶ τὸν τάφρον παράγει τὸν Ἀχιλλέα. καὶ 5 ἀκριβολογεῖν οὐκ ἀναγκαῖον, κατὰ τίνα καιρὸν ἐξαναστήσεται, ἀρκεῖ δὲ "πρὶν ὅρθαι παρὰ ναῦφι ποδώκεα Πηλείωνα". Ut hic de crastino die tamquam de longe adhuc remoto loquitur, sic Θ 108 quoque ἀθετεῖται ὅτι .... τὸ ποτέ χρονικὴν ἔχει ἔμφασιν, τῆς ἀφαιρέσεως γεγονυίας τῇ πρὸ ταύτης ἡμέρᾳ. Hic adhibetur a defensore Od. χ 290, ubi idem error obtinet. Talia aut corrupta sunt aut diversos produnt auctores.

H 443—464 ἀϑ. ὅτι περὶ τῆς ἀναιρέσεως τοῦ τείχους λέγει πρὸ τῆς τειχομαχίας. ὡς ἂν μὴ προειρηκὼς ἐνϑάδε. Poterant addere Zenodotus Aristophanes et Aristarchus, refragari hanc narrationem alteri in *Φ* 446 sqq.

Nonnumquam ex vocabulorum usu ὀβελίζει Aristarchus, ut *H* 475 ad ἀνδραπόδοισι: ἀϑ. ὅτι νεωτερικὴ ὀνομασία τοῦ ἀνδράποδον. οὐδὲ γὰρ παρὰ τοῖς ἐπιβεβληκόσιν Ὁμήρῳ νοεῖται [κεῖται Friedl.] et *Ξ* 40 ἀϑετεῖται, ὅτι .... τὸ πτῆξε ἄκυρον, ἐπὶ γὰρ τῶν ἀπολελυμένων τῆς ἀγωνίας καὶ τοῦ τῆς ψυχῆς παλμοῦ ἁρμόζει.

Assentimur Aristarcho talia ut inepta repugnantia inusitata reprehendenti, non assentimur, cum cicienda putat. Eiectis enim istis aut lacuna nascitur, ut *Λ* 766 non intellegitur, nisi sequentes vss. 769—72 serventur, qua ratione factum sit, ut Menoetius filium ex Phthia, non ex Opunte miserit ad Agamemnonem, et *Θ* 185 aegre caremus compellatione equorum (cf. *T* 400 Od. *ι* 447), aut vehementiae orationis aliquid detrahitur ut *Θ* 420—424 *Λ* 802. 803, aut concinnitati, eis maxime locis ubi iteratio consulto est facta.

Gravius autem obstat, quo minus hos obelos admittamus. Similia enim istis multo plura inveniuntur in libris *H Θ Λ M Ξ*, quae eodem iure possint damnari. Excerpamus manifestissima.

H 73 nec sensu nec constructione defendi potest a crimine ineptae imitationis. Vide *B* 404.

H 113 dicitur Achilles timuisse Hectorem in proelio, 6 qui, ut ipse ait Pelida *I* .353:

οὐκ ἐϑέλεσκε μάχην ἀπὸ τείχεος ὀρνύμεν —
ἀλλ' ὅσον ἐς Σκαιάς τε πύλας καὶ φηγὸν ἵκανεν·
ἔνϑα ποτ' οἶον ἔμιμνε, μόγις δέ μεν ἔκφυγεν ὁρμήν.

H 244—254 quem non offendat plane idem esse initium congressus Hectoris cum Aiace, quod Paridis cum Menelao *Γ* 355 sqq.?

H 308 ἀρτεμής redit Hector ad suos, nempe cuius τμήδην αὐχέν' ἐπῆλϑε hasta ab Aiace missa, μέλαν δ' ἀνεκήκιεν αἶμα (supra 262). Vide *E* 515.

H 370 ridicule iubet Priamus cives cenare in urbe, transferens filii iussa ex *Σ* 298 sq.

4*

Θ 41 Iupiter cum in Idam avehitur, Neptuni uti videtur vehiculo (*N* 23 sqq.), cf. G. Hermann. de iteratis 7 [opusc. VIII p. 15].

Θ 70 duae sortes mortis inepte adhibentur Achivis et Troianis, praesertim cum illi non morituri sint, sed in fugam tantum postea convertantur, nisi excipias pauca verba 343 sq. ex *O* 1. 2 cum levi mutatione Τρώων ex Δαναῶν huc translata.

Θ 130 uno Eniopeo Hectoris auriga interfecto tota iam salus Troianorum interitura fuisse dicitur, nisi misisset, quo hic poeta maxime fulcitur, fulmen suum Iupiter.

Θ 191 Hector quatuor suos equos excitat, ut Nestorem et Diomedem persequantur, praeclarum cuim esse scutum Nestoris et loricam Diomedis; haec duo si ceperit, eadem nocte Achivos in naves conpulsurum: cf. *E* 273.

Θ 213 brevi conloquio inserto, ubi Neptunus plane alium se gerit ac postea *N* 11 sqq., Graeci iam intra vallum sunt, quo pacto illuc compulsi, non intellegitur. Exspectes nunc inclusum iri ab hostili exercitu. Nil minus: Iupiter 7 exaudito Agamemnone, qui precatus erat αὐτοὺς δή περ ἐασον ὑπεκφυγέειν καὶ ἀλύξαι (verba inepte iterata ex Od. μ 216), felix omen mittit, ut postea Priamo (Ω 315) aquilam, quae innulum ante ipsius dei aram proicit — statim v. 252

μᾶλλον ἐπὶ Τρώεσσι θόρον, μνήσαντο δὲ χάρμης.

Quo referas comparativum? rectissime illum adhibitum Ξ 440 sq., qui fons est nostri loci

Ἀργεῖοι δ' ὡς οὖν ἴδον Ἕκτορα νόσφι κιόντα,
μᾶλλον ἐπὶ Τρώεσσι θόρον κτέ.

Θ 332 in pugna, quae nunc oritur, Diomedes Agelaum, Teucer vero decem homines prosternit, de ceterorum rebus gestis nulla mentio, etsi satis magnifice inducantur v. 261 sqq. eodem fere ordine, quo ad μονομαχίαν *H* 162 surrexerant. Tandem satis gravi vulnere confossus cadit Teucer, continuo nulli sunt Graeci. Hic ubi multa mira deprehendas, ut Teucrum letali vulnere nunc affici, qui postridie plane integer comparet, ceteros heroes nullum suae virtutis edere specimen, sed in uno sagittario totam niti salutem Graeci exercitus, tamen nil magis offendit, quam quod eidem homines,

Antilochi *θεράποντες*, qui in *N* 421 praesto sunt Hypsenorem
e pugna elaturi, hic quoque ad idem officium subeundum ad-
sunt, quibus nil erat rei cum Salaminio heroe. Vehementer
h. l. desidero obelos.

Recte haesit nescio quis in vs. 338: *οὐκ ἔδει εἰκάζειν
τὸν διώκοντα κυνί, τοὺς δὲ διωκομένους ἀλκιμωτέρῳ ζῴῳ,
τῷ λέοντι.* Nihil profecere, qui hanc *ἀπορίαν* ut solverent,
operam dederunt. Nusquam enim in his carminibus una
canis persequitur leonem aut aprum, coniunctae vires multo-
rum venatorum et canum vix sufficiunt uni ferae sustinendae,
vid. *Γ* 26 *E* 476 *Λ* 414 *P* 65 al. Quid quaeris? imitationis,
ut plerumque, pravum studium poetae nostro obfuit; hic ob-
versabatur ei *Λ* 292

> *ὡς δ᾽ ὅτε πού τις θηρητὴρ κύνας ἀργιόδοντας
> σεύῃ ἐπ᾽ ἀγροτέρῳ συῒ καπρίῳ ἠὲ λέοντι.*

Θ 343 Graecos nunc iterum intra munimenta sua fuga- 8
tos iam cogites sic circumclusum iri ab Hectore, ut nullus
exitus amplius pateat. Tamen fallimur. Hector meditatur
postridie proelium conserere cum Achivis *Θ* 530, quod consilium fluxit ex *Σ* 303. Ineptum sane est, debebat enim aut
includere hostes, aut quod in *N* fit, eos ad naves usque per-
sequi et incendere hanc solam spem reditus.[1]

---

1 [De obelorum usu quae Kayserus contra Geppertum breviter dixit
Münchner gel. anz. 1841 n. 224 p. 765 sq., superiori disputationi sup-
plemento erunt: 'Übrigens müssen wir die methode einzelne verse und
stellen, die entweder dem nächsten zusammenhang oder der angenom-
menen anlage des ganzen epos entgegen sind, zu obelisieren, fast
durchgängig bestreiten. Diese kritik gibt das relativ ächte geradezu
für unächt aus in der ungegründeten voraussetzung, dass das übrig-
bleibende einem bessern stile angehöre. Wenn zb. den Alexandrinern
T 205—209 und 251—255 missfiel, so scheinen sie nur das auffallendste
getilgt zu haben, statt in dem ganzen zweikampf des Aeneas und
Achilles ein späteres product zu erkennen. Wir führen noch das urtheil
Aristarchs über *Θ* 164—166 und 420—424 an, welches Geppert nicht
gut heisst, während Lachmann mit recht auf die in den 252 ersten
versen dieses buchs herrschende verwirrung und flüchtigkeit aufmerksam macht. Der versuch der Here aber, den beschluss des Zeus zu
vereiteln, wurde wohl nur einmal ausgeführt, nämlich in *Σ*. Darnach
fällt die episode *Θ* 350 - 484, in der die unziemlichen reden der Iris
gegen Here den tadel des Alexandrinischen kritikers erregt haben,

Admirantur artem retardandi in hoc conglutinatore, qui tamen non retardat, sed anticipat. Quae enim Θ 343 leguntur, in fine demum libri Λ sive in principio libri M ponenda erant, ubi omissa sunt.

Hoc anticipationis vitium pertinet etiam ad Λ 597—848. Attende ad vss. 609 sq. comparatos cum 594 sq. Res neutiquam eo iam perducta est, quo putat Achilles. Noli haec triumphanti Achillis animo tribuere, potius inscitiae diasceuastae, qui incommodissimo loco sua pro recisis praestantissimis carminibus intrusit. Inprimis prodidit se ille, cum vs. 798 ex Π 40 metro cogente sic immutavit, ut nisi ex vs. 799 et ex ipsa fabula nossemus, minime coniceremus Patroclum a Nestore iuberi ipsius Achillis arma induere. Ait enim καί τοι τεύχεα καλὰ δότω πόλεμόνδε φέρεσθαι, qua in translatione periit, quod primarium erat τὰ σὰ τεύχεα.[1] In eis, quae Nestor narrat, plurima attentiores advertant. Sic cum numeri conveniunt Λ 678 cum Od. μ 129; et ibidem etiam 679 cum Od. ξ 101

τόσσα συῶν συβόσια, τόσ' αἰπόλια πλατέ' αἰγῶν.

deinde Λ 697 similis consensus cum Od. φ 19. Vide praeterea imitationes plerumque ad verbum factas, quae in ipsis carminibus evolvant curiosi, Λ 746 = Z 460, 717 = N 787, 720 = Od. χ 525, 730 = Σ 298, 738 = Δ 457, 739 = N 428, 746 = Π 292, 747 = M 375. Verbis, ut dixi, ista cum archetypis plane faciunt, sensu ita discrepant, ut saepe illud ridiculi genus nascatur, quod parodiae insignitur nomine.

9 Ut non suo loco haec pars, Λ 597—848 et M 1—35 inserta est, sic iterum proximorum ratio minime habita in Ξ 1—152. Felicior enim Graecis antecedit illic pugna, N 835:

einem andern verfasser zu. Auch der Neptun in Θ 208 ff. ist ein anderer als in N. Die verse Θ 385 ff. verwarfen Aristophanes und Aristarch nach Zenodots vorgang als wiederholung von E 734, worin sich eben der nachahmer zeigt'.]

1 [In censum libri Geppertiani *Ursprung der Homerischen gesänge* (Lips. 1840) postquam eandem de Λ 798 observationem proposuit, Kayserus addit: 'Die ganze stelle aber von der aufmunterung des Patroklos durch Nestor scheint durch die verse Π 20—45 veranlasst zu sein' *Münchn. gel. anz.* 1841 n. 224 p. 763.]

'Αργεῖοι δ' ἑτέρωθεν ἐπίαχον, οὐδ' ἐλάθοντο
ἀλκῆς, ἀλλ' ἔμενον Τρώων ἐπιόντας ἀρίστους.
Quid continuo audimus Ξ 14?

τάχα δ' εἴσιδε ἔργον ἀεικές,
τοὺς μὲν ὀρινομένους, τοὺς δὲ κλονέοντας ὄπισθεν
Τρῶας ὑπερθύμους.

Num haec bene cohaerere quisquam dicet?

Vide porro Ξ 27. Nestori exeunti tentorio suo obvii
fiunt Agamemno Ulixes Diomedes. Eidem _II_ 24

ἐν νηυσὶν κέαται βεβλημένοι οὐτάμενοί τε,

atque exercent medicorum artem (28):

τοὺς μέν τ' ἰητροὶ πολυφάρμακοι ἀμφιπένονται
ἕλκε' ἀκειόμενοι.

Nec surgunt illi ante _T_ 47:

τὼ δὲ δύω σκάζοντε βάτην Ἄρεος θεράποντε
Τυδείδης τε μενεπτόλεμος καὶ δῖος Ὀδυσσεύς,
ἔγχει ἐρειδομένω. ἔτι γὰρ ἔχον ἕλκεα λυγρά.
51 αὐτὰρ ὁ δεύτατος ἦλθε ἄναξ ἀνδρῶν Ἀγαμέμνων
ἕλκος ἔχων· καὶ γὰρ τὸν ἐνὶ κρατερῇ ὑσμίνῃ
οὖτα Κόων Ἀντηνορίδης χαλκήρεϊ δουρί.

Haec sic efferuntur, ut hucusque eos decubuisse et aegre
nunc in publicum prodire intellegas. At in Ξ 379 arma in-
duunt pugnantibus adsuntque, ut excitent saltem eos, qui
adhuc salvi manserunt. Senserat interpolator, Nestorem aliqua ratione esse ex tentorio reducendum ad pugnam, in qua
_O_ 370 et 659 versatur ac populares cohortatur; illi vero
ceteri semel quasi κωφὰ πρόσωπα apparent, deinde evane-
scunt, postquam auctori id officii praestiterunt, ut senem a
vulnerato Machaone in pugnam avocarent. Eiusdem denique
manus sunt _O_ 390—404, ubi Patroclus nescit iampridem ce-
cidisse muros et victoriam aliquamdiu penes Graecos iterum 10
fuisse. In secundo demum Troianorum impetu animadvertit
fugam suorum properatque ad Achillem.

Redeo paululum ad finem _Λ_, ubi Eurypylus curatur a
Patroclo. Ille quoque metuit 824, quae 587 nondum metu-
erat. Iterum igitur anticipantur futura. Nemo opponat, omnia
iam praeparata esse de Machaone in _Λ_ 506 sqq.: quippe haec

et ipsa debentur interpolatori nostro, quem eo agnoscas,
quod fere nihil proprium sonat vss. 502—520.

Has tot tamque apertas discrepantias num latuisse Ale-
xandrinos credamus an sensisse? Sensisse vix dubitem, sed
texisse silentio aut explicatione speciosa, ne crederentur sol-
vere compagem Iliadis. Religio eos retinebat atque adeo
superstitio, qualis hodieque doctos viros non paucos. At nos
in divinum poesis Homericae ingenium non videbamur nobis
peccaturi, si pannos illi purpurae assutos tollere conaremur.

Sustulerunt Alexandrini satis multa, ut supra vidimus,
servaruut alia non meliora. Utrumque male fecerunt, nam
aut quae damnaverunt, cum similibus debuerunt relinquere
integra, aut quae reliquerunt, cum illis damnare. Sunt ea,
quod vel iteratorum ingens multitudo, quanta quidem nusquam alibi in carminibus Homericis invenitur, vel imitandi
similitudo vel orationis in paucis, quae propria habet, consensus docet, unius hominis opus, qui hoc habuit propo-
situm, ut hanc Iliadem ex carminibus pluribus componeret.
Quae ea carmina fuisse ac quantum ex uno quoque servatum
putem, alibi dicendi erit locus. Nunc sufficiat nonuisse, nonnulla, ut Nestoris longam narrationem $\mathit{\Lambda}$ 670—762, locum
de muri Graecorum destructione M 3—35, quam praeparat
deorum colloquium H 443—464 immerito notatum ab Aristarcho, propterea videri inserta, ut obliviscerentur auditores
superiorum et sic non animadverterent vacua atque repugnantia. Sic vel hodie pauci videntur sensisse, quam manca
sit narratio M 37, ubi Argivi intra munimenta trepidant,
antequam eos comperimus illuc compulsos esse.[1]

---

1 cf. quae in censura libri Geppertiani Kayserus dixit (*Münchn.
gel. anz.* 1841 n. 224 p. 763 sq.): 'An andern stellen sind lücken leicht
zu entdecken, welche also die diaskenase auszufüllen versäumte. Ein
interessantes beispiel bietet der übergang vom XI zum XII gesang dar.
Hier erfahren wir nicht, wie die Griechen über wall und graben in
ihr lager getrieben werden; plötzlich sind sie darin, den defect der
erzählung vermag der bericht von der später erfolgten zerstörung der
veste nicht zu verbergen. Hinsichtlich des lagerbaues kann rec. nicht
umhin die vermuthung aufzustellen, dass die erzählung nur der erklä-
rungsversuch eines spätern sei, der die verschanzungen der Griechen
nicht mehr auf dem Troianischen boden entdecken konnte. G. Hermann

Addo, quod iam pridem [p. 45 cf. 10] protuli assentiente · nuper doctissimo Homericae theologiae scriptore (*Münchner gel. anz.* 1842 p. 314), nonum librum a sexto decimo adeo discrepare in gravissimis rebus, quae pro cardine totius Iliadis habentur, ut unius poetae Πρεσβεία et Πατρόκλεια esse nequeant.[1] Recentior autem, ni magnopere fallor, Πρεσβεία, quae ut includi posset volumini Iliadis, scriptae sunt rhapsodiae *H* et Θ. Excipio in *H* versus 1—16, in Θ 1—27.

Quae supra exposuimus, ad argumenta carminum sic insertorum pertinent atque ad nexum eorum cum antiquioribus partibus Iliadis. Nunc videamus de stilo, qui nil fere proprii habet, cum prope omnes versus aliunde petiti sint aut toti aut aliqua ex parte coli vel hemistichii spatium com-

---

hat schon darauf hingewiesen, wenn er in den *Interpol. Homer.* sagt (*opusc.* VI 58): 'Graeci cur bene gestis rebus munimenta exstruant non intelligitur'. Auch der unwille des Poseidon gegen jenes bollwerk ist befremdend, da der gott sich gleich darauf, wie nur Zeus die augen vom kampfplatz abwendet, so kräftig seiner Achaeer annimmt. Ist unser verdacht gegründet, so dürfen wir wohl zugleich annehmen, hier habe ebenfalls ächtes dem unächten platz machen müssen'.

1 cf. Kayserus ibid. p. 764: 'Der wendepunkt der Ilias ist die gesandtschaft an Achill. Von ihr existieren nun in dem epos selbst zwei verschiedene darstellungen, zuerst die im IXten gesang, dann die im XVIIIten. Jene als gegenstand einer ganzen rhapsodie darf als bekannt übergangen werden. In Σ 446 aber erzählt der dichter, dass die Achaeer von den Troianern gedrängt und nicht im stande, einen ausfall zu machen (οὐδὲ θύραζε εἴων ἐξιέναι, nicht eben bestätigt durch Θ 345 und widerlegt durch *I* 708), an Achilles die geronten geschickt hätten, worauf dieser zwar seinen persönlichen beistand verweigert, doch dem Patroklos erlaubt hätte mit seinen Myrmidonen in den kampf zu ziehen. Im XVIten gesange endlich weiss Achilles von keiner gesandtschaft des Agamemnon etwas, er hofft auf die rückgabe der Briseis und auf geschenke (die er doch kurz vorher abgelehnt hatte) und würde, wenn Agamemnon ihm gut wäre, bald die Troianer zurückgetrieben haben. Vergebens wird man sich bemühen, diese widersprüche theils aus einer poetischen freiheit, theils aus dem charakter des ersten helden zu erklären und dadurch zu beseitigen . . . . . Nur ist sehr die frage, ob der Homer, dessen darstellung in Σ skizziert wird, jünger war als der in *I* erhaltene. Jene war ohne zweifel gemässigter und würdevoller; die in dem IXten gesang macht sich sowohl durch die schon oben besprochene nachahmung, als durch die etwas verwirrte episode des Meleager . . . . . verdächtig'.

plente, nec raro accidat ut unus versus duobus hemistichiis constet, quae ex longe dissitis versibus huc convenerint, quin ut ex tribus colis coaluerit unus versiculus.

Expromam talia statim exempla; nunc in universum antea contenderim, nil in illis 1463 versibus esse, quod non ex alia narratione expressum sit aut ineptissime prioribus inventis adiectum. Pugna singularis *H* 49 sqq. et offertur et initur, ut prior illa Paridis et Menelai Il. *Γ* 68. 19 sq. 77 sqq., Nestor interloquitur ut in Achillis et Agamemnonis rixa *A* 254, sortiuntur heroes ut comites Ulixis Od. *x* 206 sq., precantur homines de exercitu ut in altera μονομαχία *Γ* 318 sq. at finiri non poterat ut illa: exemplum, quod sequeretur, defecit poetam, inde repetendus misellus sane exitus nec Aiace nec Hectore dignus. Scilicet tota res σχιαμαχία potius quam μονομαχία dicenda. Donum alterius ex *Ψ* 824 sq. repetitur, 12 alterius ex *Z* 219. In sequentibus Nestor suasor existit ut in *I* 92 sqq. Paris loquitur ut Hector *M* 231. Diomedes brevi epilogo de pactione Troianorum decernit, ut in exitu rhapsodiae *I* 696, Iupiter et Neptunus colloquuntur simili ratione atque Od. *ν* 128 sqq. Pugna describitur in *Θ* 60—65 ut *Δ* 446—451, equus Nestoris vulneratur *Θ* 81 ut Patrocli *II* 467. Diomedes ei suadet, ut suum currum conscendat, ut in *E* 221 Aeneas Pandaro, fugae auctor senex Diomedi est, ut eidem Sthenelus *E* 243, ter numini adversatur Tydides hic [v. 170] ut *E* 436, idem dicit de equis Aeneae Sthenelo *E* 273, quod Hector de lorica Diomedis et scuto Nestoris ipsis equis *Θ* 196, colloquium Iunonis et Neptuni comparaveris illi eorundem deorum *Τ* 114 sqq.; quod Eris facit *A* 5—9, idem Agamemno *Θ* 222 alloquiturque Achivos, ut Iuno *E* 787. Teucer Hectorem hic impugnat, ut in *O* 458 sqq., quem locum noli habere ex nostro effictum, quippe multo ampliorem et pulcriorem. Iuno et Minerva in pugnam exire constituunt ut in *E* 711 sqq., illic ut Martis, hic ut Hectoris cohibeant furorem, revocantur autem ab Iride, ut Neptunus in *O* 158, animos deponunt et mortalia neglegunt ut Apollo in *Φ* 463, ridentur et irritantur 'a Iove ut *Δ* initio. Quam autem orationem in exitu habet Iliadis *Θ* Hector, ea ex pluribus orationibus et ipsius et aliorum congesta est, cf. *Σ* 303 sq.

cum Θ 530 sq. et N 825—8 cum Θ 538 sqq. In Δ 511
Nestor suum currum conscendere iubetur ab Idomeneo, quasi
antea pedes pugnaverit senex, ut avehat Machaonem: infeli-
cissime transtulit Aeneae verba E 221 ἀλλ' ἄγ' ἐμῶν ὀχέων
ἐπιβήσεο. Deinde legimus 516 sqq.

ὣς ἔφατ', οὐδ' ἀπίθησε Γερήνιος ἱππότα Νέστωρ,
αὐτίκα δ' ὧν ὀχέων ἐπεβήσετο, πὰρ δὲ Μαχάων
βαῖν' Ἀσκληπιοῦ υἱὸς ἀμύμονος ἰητῆρος·
μάστιξεν δ' ἵππους, τὼ δ' οὐκ ἀέκοντε πετέσθην.

Uter, Nestor an Machao? Hunc opinor: παραβάτης enim
solet equos regere. At vulneratus est. Igitur Nestor? ad 13
quem tamen secundum constructionem verbum minime referre
licet. Deinde cum Machao cum Nestore in tentorio sunt
beneque curantur ab Hecameda, pleraque in descriptione
istius prandii aut ex Od. κ aut aliunde petita invenies, quae
vero Nestor Patroclo accedenti exponit de mala, in qua nunc
sint, Graecorum condicione, ea paucissimis exceptis omnia
sunt ducta et partim anticipata ex Η maxime, nec non ex Ι
et nonnullis Odysseae locis. In Ξ 74 tertium Agamemno
fugam suadet, cuius primum simulanter B, deinde in recentiore carmine Ι 27 serio auctor fuerat. Ut illic a Diomede,
hic ab Ulixe propterea gravibus conviciis castigatur. Existit
Diomedes suasor, ut ipsi quamvis vulnerati in pugnam red-
eant. Quod consilium cur proferat, supra [p. 55] diximus.

Nunc videamus de iteratis, quorum longissimum indicem
conficere possumus. Sed praestat excerpere, quae maxime
suspicionem confirment, alienis usum esse poetam. Primo
loco versus exhibebuntur, in quibus cola translata aliunde de-
prehenduntur, deinde in quibus hemistichia et versus, hinc ad
compositiones duplices et triplices veniemus, ultimo loco longiores partes apponentur, ubi nothus nothum trudit maxime-
que conspicuum est istud centonum opificium.

Cola translata haec collegi
Η 156 πολλὸς γάρ τις ἔκειτο παρήορος ἔνθα καὶ ἔνθα
ex Π 471 ἡνία δέ σφιν
σύγχυτ', ἐπειδὴ κεῖτο παρήορος ἐν κονίῃσιν.

H 204 εἰ δὲ καὶ Ἕκτορά περ φιλέεις καὶ κήδεαι αὐτοῦ
ex I 342   ὅς τις ἀνὴρ ἀγαθὸς καὶ ἐχέφρων,
τὴν αὐτοῦ φιλέει καὶ κήδεται.

H 340 ὄφρα δι' αὐτάων ἱππηλασίη ὁδὸς εἴη
ex E 752 τῇ ῥα δι' αὐτάων κεντρηνεκέας ἔχων ἵππους.

Θ 289 πρώτῳ τοι μετ' ἐμὲ πρεσβήιον ἐν χερὶ θήσω
ex Υ 182 οὔ τοι τοὔνεκά γε Πρίαμος γέρας ἐν χερὶ θήσει.

Λ 807 ἀλλ' ὅτε δὴ κατὰ νῆας Ὀδυσσῆος θείοιο
ἷξε θέων Πάτροκλος
ex γ 286 ἀλλ' ὅτε δὴ καὶ κεῖνος .... Μαλειάων ὄρος αἰπὺ
ἷξε θέων, τότε κτέ.

Λ 818   ὡς ἄρ' ἐμέλλετε .....
ἄσειν ἐν Τροίῃ ταχέας κύνας ἀργέτι δημῷ
ex Φ 127 ἰχθύς, ὅς κε φάγῃσι Λυκάονος ἀργέτα δημόν.

Ξ 53 sq.
ἦ δὴ ταῦτά γ' ἑτοῖμα τετεύχαται, οὐδέ κεν ἄλλως
Ζεὺς ὑψιβρεμέτης αὐτὸς παρατεκτήναιτο

haec ducta praeter Odyss. θ 384 et Iliad. Λ 354 partim ex
Od. θ 176

ὡς καὶ σοὶ εἶδος μὲν ἀριπρεπές, οὐδέ κεν ἄλλως
οὐδὲ θεὸς τεύξειε,

partim ex Od. ξ 131

αἶψά κε καὶ σύ, γεραιέ, ἔπος παρατεκτήναιο.

Adde Θ 96 ex Od. ι 494, M 14 ex Od. δ 495.

Satis de colis. Hemistichia eiusmodi multo plura, sed
delectum habebimus.

H 21   τῇ δ' ἀντίος ὦρνυτ' Ἀπόλλων
Περγάμου ἐκ κατιδών
ex Δ 508   νεμέσησε δ' Ἀπόλλων
Περγάμου ἐκ κατιδών.

H 96 ὦ μοι, ἀπειλητῆρες, Ἀχαιίδες οὐκέτ' Ἀχαιοί
ex B 235 ὦ πέπονες, κάκ' ἐλέγχε', Ἀχαιίδες οὐκέτ' Ἀχαιοί.

15 H 135 Φειᾶς πὰρ τείχεσσιν, Ἰαρδάνου ἀμφὶ ῥέεθρα
ex γ 292 ἧχι Κύδωνες ἔναιον Ἰαρδάνου ἀμφὶ ῥέεθρα.

H 161
ὡς νείκεσσ' ὁ γέρων· οἱ δ' ἐννέα πάντες ἀνέσταν
ex θ 258 αἰσυμνῆται δὲ κριτοὶ ἐννέα πάντες ἀνέσταν.

H 298 αἶ τέ μο· εὐχόμεναι θεῖον δύσονται ἀγῶνα

ex Σ 376 χρύσεα δέ σφ' ὑπὸ κύκλα ἑκάστῳ πυθμένι θῆκεν,
ὄφρα οἱ αὐτόματοι θεῖον δυσαίατ' ἀγῶνα.

Θ 86 σὺν δ' ἵππους ἐτάραξε, κυλινδομένος περὶ χαλκῷ

ex X 414 πάντας δ' ἐλλιτάνευε κυλινδόμενος κατὰ κόπρον.

Θ 102 ὦ γέρον, ἦ μάλα δή σε νέοι τείρουσι μαχηταί

ex Z 255 ἦ μάλα δὴ τείρουσι δυσώνυμοι υἷες Ἀχαιῶν.

Θ 197 ἐελποίμην κεν Ἀχαιοὺς
αὐτονυχὶ νηῶν ἐπιβησέμεν ὠκειάων

ex ι 101 κελόμην ἐρίηρας ἑταίρους
σπερχομένους νηῶν ἐπιβαιμένεν ὠκειάων.

Θ 233 ἠγοράασθε . . . .
Τρώων ἄνθ' ἑκατόν τε διηκοσίων τε ἕκαστος
στήσεσθ' ἐν πολέμῳ

ex I 383 αἶ θ' ἑκατόμπυλοί εἰσι, διηκόσιοι δ' ἀν' ἑκάστας
ἀνέρες ἐξοιχνεῦσιν.

Θ 403 αὐτὰς δ' ἐκ δίφρου βαλέω, κατά θ' ἅρματα ἄξω

ex Ψ 341 μή πως ἵππους τε τρώσῃς, κατά θ' ἅρματα ἄξῃς.

Θ 449 ὀλλῦσαι Τρῶας, τοῖσιν κότον αἰνὸν ἔθεσθε

ex Π 449 υἱέες ἀθανάτων, τοῖσιν κότον αἰνὸν ἐνήσεις.

Θ 535 αὔριον ἣν ἀρετὴν διαείσεται, εἴ κ' ἐμὸν ἔγχος
μείνῃ ἐπερχόμενον, ἀλλ' ἐν πρώτοισιν ὀίω
κείσεται οὐτηθείς

ex N 277 ἐς λόχον, ἔνθα μάλιστ' ἀρετὴ διαείδεται ἀνδρῶν

et Α 535 οὐδέ τις ἔτλη
μεῖναι ἐπερχόμενον

et ex θ 180 ἐγὼ δ' οὐ νῆις ἀέθλων,   16
ὡς σύ γε μυθεῖαι, ἀλλ' ἐν πρώτοισιν ὀίω
ἔμμεναι.

Θ 565 equi ἑσταότες παρ' ὄχεσφιν, ἐύθρονον Ἠῶ μίμνον

ex σ 318 ἦν περ γάρ κ' ἐθέλωσιν ἐύθρονον Ἠῶ μίμνειν,
οὔ τί με νικήσουσιν.

Λ 654 δεινὸς ἀνήρ, τάχα κεν καὶ ἀναίτιον αἰτιόωτο

ex N 775 Ἕκτορ, ἐπεί τοι θυμὸς ἀναίτιον αἰτιάασθαι.

Λ 706 ἡμεῖς μὲν τὰ ἕκαστα διείπομεν, ἀμφί τε ἄστυ
ἔρδομεν ἱρὰ θεοῖς

ex μ 16 ἡμεῖς μὲν τὰ ἕκαστα διείπομεν, οὐδ' ἄρα Κίρκην
ἐξ Ἀίδεω ἐλθόντες ἐλήθομεν.

Λ 717   οὐδ' ἀέκοντα Πύλον κάτα λαὸν ἄγειρεν,
         ἀλλὰ μάλ' ἐσσυμένους πολεμίζειν
ex *N* 787 πὰρ δύναμιν δ' οὐκ ἔστι καὶ ἐσσύμενον πολεμίζειν.
Λ 720 ἀλλὰ καὶ ὣς ἱππεῦσι μετέπρεπον ἡμετέροισιν
ex *x* 525 Τειρεσίῃ δ' ἀπάνευθεν ὄιν ἱερευσέμεν οἴῳ
         παμμέλαν', ὃς μήλοισι μεταπρέπει ὑμετέροισιν.
Λ 760   αὐτὰρ Ἀχαιοί
         ἂψ ἀπὸ Βουπρασίοιο Πύλονδ' ἔχον ὠκέας ἵππους
ex *Γ* 263 τὼ δὲ διὰ Σκαιῶν πεδίονδ' ἔχον ὠκέας ἵππους.
Λ 768 πάντα μάλ' ἐν μεγάροις ἠκούομεν, ὡς ἐπέτελλεν
ex *δ* 281 ἥμενοι ἐν μέσσοισιν ἀκούσαμεν, ὡς ἐβόησας.
Ξ 34 οὐδὲ ..... ἐδυνήσατο πάσας
         αἰγιαλὸς νῆας χαδέειν, στείνοντο δὲ λαοί
ex *ι* 219 ταρσοὶ μὲν τυρῶν βρῖθον, στείνοντο δὲ σηκοί
         ἀρνῶν ἠδ' ἐρίφων.
Ξ 141   Ἀχιλλῆος ὀλοὸν κῆρ | γηθεῖ .....
         δερχομένῳ· ἐπεὶ οὔ οἱ ἔνι φρένες οὐδ' ἠβαιαί
17 ex *σ* 354 ἔμπης μοι δοκέει δαΐδων σέλας ἔμμεναι αὐτοῦ
         καὶ κεφαλῆς, ἐπεὶ οὔ οἱ ἔνι τρίχες οὐδ' ἠβαιαί.

Adde *H* 47 ex *B* 169, *H* 112 ex *O* 183, *H* 196 ex
β 199, *H* 387 ex *Δ* 17, *Θ* 156 ex *Z* 430, *Θ* 282 ex *H* 39,
Θ 477 ex *A* 180, *A* 633 ex *A* 246, *Ξ* 78 ex *H* 41, *Ξ* 107
ex *I* 104.

Versus toti ex aliis carminibus ducti sunt 97 in *H*, in
Θ 154, in *A* 46, in *Ξ* 26, ex quibus 24 subtrahas ubique
lectos, e. g. *H* 33. 37. 287 al. Nec ponam hic, qui ad verbum sunt repetiti, sed multo pauciores illos adhibebo, qui
aliqua ex parte mutati huc venerunt, inde enim imitationis
rationem magis intelleges. Sic igitur

H 180 ἢ αὐτὸν βασιλῆα πολυχρύσοιο Μυκήνης
ex *Λ* 46 τιμῶσαι βασιλῆα π. Μ.
H 206 ὣς ἄρ' ἔφαν· Αἴας δὲ κορύσσετο νώροπι χαλκῷ
ex *H* 130 ὣς φάτο, Πάτροκλος δὲ κ. ν. χ.
H 274 εἰ μὴ κήρυκες Διὸς ἄγγελοι ἠδὲ καὶ ἀνδρῶν
         ἦλθον
ex *A* 334 χαίρετε κήρυκες Δ. ἄ. ἠ. καὶ ἀνδρῶν.
H 321 νώτοισιν δ' Αἴαντα διηνεκέεσσι γέραιρεν
ex Od. *ξ* 437 νώτοισιν δ' Ὀδυσῆα δ. γ.

Η 373 εἰπέμεν Ἀτρείδῃς Ἀγαμέμνονι καὶ Μενελάῳ
ex *P* 249 οἵ τε παρ' Ἀτρείδῃς Ἀ. κ. Μ.

δήμια πίνουσιν,

ex eodem loco ductus est *H* 470

χωρὶς δ' Ἀτρείδῃς Ἀ. κ. Μ. | δῶκεν κτέ.

Θ 48 Γάργαρον· ἔνθα δέ οἱ τέμενος βωμός τε θυήεις
ex *θ* 363 ἐς Πάφον· ἔνθα δέ οἱ τ. β. τ. θ.

Θ 99 Τυδείδης δ' αὐτός περ ἐὼν προμάχοισιν ἐμίχθη
ex *E* 134 Τυδείδης δ' ἐξαῦτις ἰὼν π. ε.

Θ 161 Τυδείδη, περὶ μέν σε τίον Δαναοὶ ταχύπωλοι
ex *Δ* 257 Ἰδομενεῦ, περὶ μέν σε τίω Δαναῶν ταχυπώλων.

Θ 184 ὣς εἰπὼν ἵπποισιν ἐκέκλετο φώνησέν τε
ex *ζ* 71 ὣς εἰπὼν δμώεσσιν ἐκέκλετο, τοὶ δ' ἐπίθοντο.   18

Θ 214 πλῆθεν ὁμῶς ἵππων τε καὶ ἀνδρῶν ἀσπιστάων
ex *Φ* 16 πλῆτο ῥόος κελάδων ἐπιμὶξ ἵππων τε καὶ ἀνδρῶν.

Θ 217 καί νύ κ' ἐνέπρησεν πυρὶ κηλέῳ νῆας ἐίσας
ex *X* 374   μαλακώτερος ἀμφαφάασθαι

Ἕκτωρ, ἢ ὅτε νῆας ἐνέπρησεν πυρὶ κηλέῳ.

Θ 221 πορφύρεον μέγα φᾶρος ἔχων ἐν χειρὶ παχείῃ
ex *θ* 84 πορφύρεον μέγα φᾶρος ἑλὼν χερσὶ στιβαρῇσιν.

Θ 246 νεῦσε δέ οἱ λαὸν σόον ἔμμεναι οὐδ' ἀπολέσθαι
ex *A* 117 βούλομ' ἐγὼ λαὸν σόον ἔμμεναι ἢ ἀπολέσθαι.

Θ 337 Ἕκτωρ δ' ἐν πρώτοισι κίε σθένεϊ βλεμεαίνων
ex *Υ* 36 Ἥφαιστος δ' ἅμα τοῖσι κ. σ. β.

Θ 379 ἤ τις καὶ Τρώων κορέει κύνας ἠδ' οἰωνούς
ex *P* 241 οὔ τι τόσον νέκυος περιδείδια Πατρόκλοιο,

ὅς κε τάχα Τρώων κορέει κ. ἠ. οἱ.

Θ 492 ἐξ ἵππων δ' ἀποβάντες ἐπὶ χθόνα μῦθον ἄκουον
ex *Γ* 265 ἐξ ἵππων ἀ. ἐ. χ. πολυβότειραν.

Θ 520 θηλύτεραι δὲ γυναῖκες ἐνὶ μεγάροισιν ἑκάστῃ

πῦρ μέγα καιόντων

ex *θ* 324 θηλύτεραι δὲ θεαὶ μένον αἰδοῖ οἴκοι ἑκάστη.

Λ 730 δόρπον ἔπειθ' ἑλόμεσθα κατὰ στρατὸν ἐν τελέεσσιν
ex *Σ* 298 νῦν μὲν δόρπον ἕλεσθε κ. σ. ἐ. τ.

Λ 788 ἀλλ' εὖ οἱ φάσθαι πυκινὸν ἔπος ἠδ' ὑποθέσθαι
ex *I* 100 τῶ σε χρὴ περὶ μὲν φάσθαι ἔπος ἠδ' ἐπακοῦσαι.

Λ 804 ὣς φάτο, τῷ δ' ἄρα θυμὸν ἐνὶ στήθεσσιν ὄρινεν
ex *B* 142 ὣς φάτο, τοῖσι δὲ θ. ἐ. σ. ὄ.

Ξ 17 ὀσσόμενον (πέλαγος) λιγέων ἀνέμων λαιψηρὰ κέλευθα
ex Ο 620 ἧ τε (πέτρη) μένει λιγέων ἀ. λ. κ.

Ξ 116 ᾤκεον δ' ἐν Πλευρῶνι καὶ αἰπεινῇ Καλυδῶνι
ex Ν 217 ὃς πάσῃ Πλευρῶνι κ. αἰ. Κ.
Αἰτωλοῖσι ἄνασσε.

Singulare genus totorum versuum aliunde sumtorum est
19 ex binis hemistichiis constans, quae diversis ex locis sunt
ducta. Exempla aut eiusmodi sunt ut imitator nil plane
novaverit, aut eiusmodi ut in alterutro vel in utroque non-
nihil sit immutatum.

Vide exempla prioris generis, quibus apposui utrimque
fontem:

H 21
Δ 508   H 121
Περγάμου ἐκ κατιδὼν — Τρώεσσι δὲ βούλετο νίκην.

H 88
υ 382   α 183
νηὶ πολυκλήϊδι — πλέων ἐπὶ οἴνοπα πόντον.

H 91
Δ 182   • B 325
ὥς ποτέ τις ἐρέει — τὸ δ' ἐμὸν — κλέος οὔποτ' ὀλεῖται.

H 131
ο 354   Γ 322
θυμὸν ἀπὸ μελέων — δῦναι δόμον Ἄϊδος εἴσω.

H 145
Ν 397   Μ 192
δουρὶ μέσον περόνησεν — ὁ δ' ὕπτιος οὔδει ἐρείσθη.

H 210
Τ 58   Α 8
θυμοβόρου ἔριδος — μένει' — ξυνέηκε μάχεσθαι.

H 249
Λ 465   Γ 355
Αἴας διογενὴς — προΐει, δολιχόσκιον ἔγχος.

H 263
Λ 255   Z 263 et al.
ἀλλ' οὐδ' ὡς ἀπέληγε μάχης — κορυθαίολος Ἕκτωρ.

H 306

Τ 212   E 573

τὼ δὲ διακρινθέντε — ὁ μὲν — μετὰ λαὸν Ἀχαιῶν.

H 392

Λ 114   Δ 100 et al.

κουριδίην δ' ἄλοχον — Μενελάου κυδαλίμοιο.

H 442   20

E 84   B 11 al.

ὣς οἱ μὲν πονέοντο — καρηκομόωντες Ἀχαιοί.

Θ 49

E 775   Λ 544

ἔνθ' ἵππους ἔστησε — πατὴρ ἀνδρῶν τε θεῶν τε.

Θ 59

Λ 529   Δ 449

πεζοί θ' ἱππῆές τε — πολὺς δ' ὀρυμαγδὸς ὀρώρει.

Θ 91

Γ 374   E 596

εἰ μὴ ἄρ' ὀξὺ νόησε — βοὴν ἀγαθὸς Διομήδης.

Θ 119

Φ 171   E 580

καὶ τοῦ μέν ῥ' ἀφάμαρτεν — ὁ δ' — ἡνίοχον θεράποντα.

Θ 121

Π 739   Δ 480

ἵππων ἡνί' ἔχοντα — βάλε στῆθος παρὰ μαζόν.

Θ 160

E 101   Γ 324 al.

τῷ δ' ἐπὶ μακρὸν ἄυσε — μέγας κορυθαίολος Ἕκτωρ.

Θ 168

N 396   X 223

ἵππους τε στρέψαι — καὶ — ἐναντίβιον μαχέσασθαι.

Θ 211

Τ 135   ι 276

ἡμέας τοὺς ἄλλους — ἐπειὴ πολὺ φέρτερός ἐστιν.

Θ 471

I 359   Λ 551 al.

ὄψεαι, αἴ κ' ἐθέλῃσθα — βοῶπις πότνια Ἥρη.

Λ 520

Γ 119   ν 145

νῆας ἐπὶ γλαφυράς — τῇ γὰρ φίλον ἔπλετο θυμῷ.

21   *Λ* 777

ϑ 304 et 325   *I* 193

στῆμεν ἐνὶ προϑύροισι — ταφὼν δ' ἀνόρουσεν Ἀχιλλεύς.

Ξ 51

Δ 224   *N* 333

οὐδ' ἐϑέλουσι μάχεσϑαι — ἐπὶ πρύμνῃσι νέεσσιν.

De eis qui plus minus mutati similiter compositi sunt,
nolo longus esse. Sufficiet haec attulisse exempla:

H 28

Δ 93   *Γ* 41

ἀλλ' εἴ μοί τι πίϑοιο — τό κεν πολὺ κέρδιον εἴη.

H 87 (cf. *H* 300)

ζ 275   *Γ* 353

καί ποτέ τις εἴπῃσι — καὶ ὀψιγόνων ἀνϑρώπων.

H 161

Ω 29   ϑ 258

ὣς νείκεσσ' ὁ γέρων — οἱ δ' ἐννέα πάντες ἀνέσταν.

H 239

ι 234   *E* 289

ἀζαλέην, τό μοί ἐστι — ταλαύρινον πολεμίζειν.

Θ 243

Π 451   μ 216

αὐτοὺς δή περ ἔασον — ὑπεκφυγέειν καὶ ἀλύξαι.

Θ 318

Π 727   *Λ* 346

Κεβριόνην δ' ἐκέλευσεν — ἀδελφεὸν ἐγγὺς ἐόντα.

Θ 515

Δ 177   *O* 183

νηὸς ἐπιϑρώσκων — ἵνα τις στυγέῃσι καὶ ἄλλος.

Λ 665

Λ 471   *B* 27

ἐσϑλὸς ἐὼν Δαναῶν — οὐ κήδεται οὐδ' ἐλεαίρει.

Λ 743

E 75   *Λ* 359

ἤριπε δ' ἐν κονίῃσιν — ἐγὼ δ' ἐς δίφρον ὀρούσας.

22   *Ξ* 28

κ 274   *Π* 819

πὰρ νηῶν ἀνιόντες — ὅσοι βεβλήατο χαλκῷ.

Non desunt versus ex tribus colis congesti aut ex uno hemistichio ac duobus colis brevioribus. Vide

H 146

τεύχεα δ' ἐξενάριξε — τά οἱ πόρε — χάλκεος Ἄρης

ex N 619 ε 372 E 859 compositum.

H 288 sq.

Αἶαν, ἐπεί τοι — δῶκε θεὸς — μέγεθός τε βίην τε καὶ πινυτήν, περὶ δ' ἔγχει Ἀχαιῶν — φέρτατός ἐσσι:

prior versus constat ex N 775 N 727 δ 415, alter ex υ 71 B 389 Λ 581.

Θ 100

στῆ δὲ πρόσθ' ἵππων — Νηληιάδαο γέροντος:

hic στῆ δὲ πρόσθ' ex E 170 est, πρόσθ' ἵππων ex Π 485, hemistichium alterum ex O 378. Similis coniunctio tesserarum, ut altera alteri infigatur H 296 Θ 551.

Θ 157

ὣς ἄρα φωνήσας — φύγαδ' ἔτραπε — μώνυχας ἵππους

ex Z 116 Π 657 E 236.

Λ 648

οὐχ ἕδος ἐστί — γεραιὲ διοτρεφές — οὐδέ με πείσεις

ex Ψ 205 I 607 Λ 132.

Λ 653

εὖ δὲ σὺ οἶσθα — γεραιὲ διοτρεφές — οἶος ἐκεῖνος:

ad primum colon vide Z 447 [cl. o 211], cetera ducta ex I 607 et o 212.

Videbis, lector benevole, verum me dixisse, cum supra contendi ex 1463 versibus non multos liberos esse a labe plagii. Fere nusquam invenies versum, cuius exitus non alii [23] carmini debeatur. Itaque in H (demptis 16 primis) 403 versus aut toti aut aliqua ex parte alieni, eorumque non plus viginti sex terminatione propria utuntur, in Θ 466 (demptis primis 40) numeravi, terminatione sua usos tantum 35. In Λ et Σ eodem fere redit computatio.

Iam aliquot locos longiores exscribam, in quibus multitudo alienorum, paucitas propriorum optime cognoscatur. Propria litteris diductis indicanda curavi.

Η 244—278

Ἦ ῥα, καὶ ἀμπεπαλὼν προΐει δολιχόσκιον ἔγχος,
καὶ βάλεν Αἴαντος δεινὸν σάκος ἑπταβόειον   245
ἀκρότατον κατὰ χαλκόν, ὃς ὄγδοος ἦεν ἐπ' αὐτῷ.
ἓξ δὲ διὰ πτύχας ἦλθε δαΐζων χαλκὸς ἀτειρής,
ἐν τῇ δ' ἑβδομάτῃ ῥινῷ σχέτο. δεύτερος αὖτε
Αἴας διογενὴς προΐει δολιχόσκιον ἔγχος,
καὶ βάλε Πριαμίδαο κατ' ἀσπίδα πάντοσ' ἐΐσην.   250
διὰ μὲν ἀσπίδος ἦλθε φαεινῆς ὄβριμον ἔγχος,
καὶ διὰ θώρηκος πολυδαιδάλου ἠρήρειστο·
ἀντικρὺ δὲ παραὶ λαπάρην διάμησε χιτῶνα
ἔγχος· ὁ δ' ἐκλίνθη καὶ ἀλεύατο Κῆρα μέλαιναν.
τὼ δ' ἐκσπασσαμένω δολίχ' ἔγχεα χερσὶν ἅμ' ἄμφω   255
σύν ῥ' ἔπεσον, λείουσιν ἐοικότες ὠμοφάγοισιν
ἢ συσὶ κάπροισιν, τῶν.τε σθένος οὐκ ἀλαπαδνόν.
Πριαμίδης μὲν ἔπειτα μέσον σάκος οὔτασε δουρί,
οὐδ' ἔρρηξεν χαλκόν· ἀνεγνάμφθη δέ οἱ αἰχμή.
Αἴας δ' ἀσπίδα νύξεν ἐπάλμενος· ἡ δὲ διαπρὸ   260
ἤλυθεν ἐγχείη, στυφέλιξε δέ μιν μεμαῶτα,
24 τμήδην δ' αὐχέν' ἐπῆλθε· μέλαν δ' ἀνεκήκιεν αἷμα.
ἀλλ' οὐδ' ὣς ἀπέληγε μάχης κορυθαίολος Ἕκτωρ·
ἀλλ' ἀναχασσάμενος λίθον εἵλετο χειρὶ παχείῃ
κείμενον ἐν πεδίῳ, μέλανα, τρηχύν τε μέγαν τε·   265
τῷ βάλεν Αἴαντος δεινὸν σάκος ἑπταβόειον,
μέσσον ἐπομφάλιον· περιήχησεν δ' ἄρα χαλκός.
δεύτερος αὖτ' Αἴας πολὺ μείζονα λᾶαν ἀείρας
ἧκ' ἐπιδινήσας, ἐπέρεισε δὲ ἶν' ἀπέλεθρον·
εἴσω δ' ἀσπίδ' ἔαξε, βαλὼν μυλοειδέι πέτρῳ,   270
βλάψε δέ οἱ φίλα γούναθ'· ὁ δ' ὕπτιος ἐξετανύσθη
ἀσπίδ' ἐνιχριμφθείς, τὸν δ' αἶψ' ὤρθωσεν Ἀπόλλων.

Η 244 — Γ 355 ‖ 245 partim ex Γ 356, partim ex Λ 545
247 ex Υ 269 et Ε 292 ‖ 248 cf. Γ 348 ‖ 249 ex Δ 489 et Γ 355
compilatus ‖ 250—254 = Γ 356—360 ‖ 255 cf. Δ 533 ‖ 256. 257
— Ε 782. 783 ‖ 258 ex Ν 646 ‖ 259 — Γ 348 ‖ 260. 261 — Μ
404. 405 ‖ 262 cf. Ν 705 ‖ 263 — Λ 255 et Ζ 369 al. ‖ 264. 265
— Φ 403. 404 ‖ 266 ut supra 245 ‖ 267 exit ut ε 244 ‖ 268. 269
— ι 537. 538 ‖ 270: simile prius hemistichium Μ 404, ad alterum
cf. Π 411 ‖ 271 cf. ν 34 et Μ 192 ‖ 272 cf. Ρ 405.

καί νύ κε δὴ ξιφέεσσ' αὐτοσχεδὸν οὐτάζοντο,
εἰ μὴ κήρικες, Διὸς ἄγγελοι ἠδὲ καὶ ἀνδρῶν,
ἦλθον, ὁ μὲν Τρώων, ὁ δ' Ἀχαιῶν χαλκοχιτώνων,   275
Ταλθύβιός τε καὶ Ἰδαῖος, πεπνυμένω ἄμφω.
μέσσω δ' ἀμφοτέρων σκῆπτρα σχέθον· εἶπέ τε μῦθον
κῆρυξ Ἰδαῖος, πεπνυμένα μήδεα εἰδώς.

Θ 215—266

εἷλει δὲ θοῷ ἀτάλαντος Ἄρηι   215
Ἕκτωρ Πριαμίδης, ὅτε οἱ Ζεὺς κῦδος ἔδωκεν.
καί νύ κ' ἐνέπρησεν πυρὶ κηλέῳ νῆας ἐίσας,   25
εἰ μὴ ἐπὶ φρεσὶ θῆκ' Ἀγαμέμνονι πότνια Ἥρη,
αὐτῷ ποιπνύσαντι, θοῶς ὀτρῦναι Ἀχαιούς.
βῆ δ' ἰέναι παρά τε κλισίας καὶ νῆας Ἀχαιῶν,   220
πορφύρεον μέγα φᾶρος ἔχων ἐν χειρὶ παχείῃ,
στῆ δ' ἐπ' Ὀδυσσῆος μεγακήτεϊ νηὶ μελαίνῃ,
ἥ ῥ' ἐν μεσσάτῳ ἔσκε, γεγωνέμεν ἀμφοτέρωσε·
[ἠμὲν ἐπ' Αἴαντος κλισίας Τελαμωνιάδαο,
ἠδ' ἐπ' Ἀχιλλῆος, τοί ῥ' ἔσχατα νῆας ἐίσας   225
εἴρυσαν, ἠνορέῃ πίσυνοι καὶ κάρτεϊ χειρῶν.]
ἤυσεν δὲ διαπρύσιον, Δαναοῖσι γεγωνώς·
"Αἰδώς, Ἀργεῖοι, κάκ' ἐλέγχεα, εἶδος ἀγητοί·
πῆ ἔβαν εὐχωλαί, ὅτε δὴ φάμεν εἶναι ἄριστοι,
ἃς, ὁπότ' ἐν Λήμνῳ, κενεαυχέες ἠγοράασθε,   230
ἔσθοντες κρέα πολλὰ βοῶν ὀρθοκραιράων,
πίνοντες κρητῆρας ἐπιστεφέας οἴνοιο,
Τρώων ἄνθ' ἑκατόν τε διηκοσίων τε ἕκαστος
στήσεσθ' ἐν πολέμῳ; νῦν δ' οὐδ' ἑνὸς ἄξιοί εἰμεν
[Ἕκτορος, ὃς τάχα νῆας ἐνιπρήσει πυρὶ κηλέῳ].   235
Ζεῦ πάτερ, ἦ ῥά τιν' ἤδη ὑπερμενέων βασιλήων

273 — P 530 | 274 ex A 334 | 275 alterum hemist. ex A 371 al. |
276 exit ut I 689 | 277 cf. Z 120 et Θ 302 | 278 — β 38.
Θ 215 — N 295 | 216 — A 300 | 217 cf. X 374 | 218 cf. A
55 | 219 cf. Σ 155 et M 277 | 220 — N 167 | 221 cf. Θ 84
222—226 — A 5—9 | 227 — N 149 | 228 — E 787 | 229 cf.
Ψ 669 | 230 ex A 593 et B 337 | 231 ex μ 19 et 348 | 232 ex
β 431 | 233 cf. I 383 | 234 cf. E 117 et Ψ 562 | 235 ex X 374
236 ex Γ 365 et ν 205

τῇδ' ἄτῃ ἀασας, καί μιν μέγα κῦδος ἀπηύρας;
οὐ μὲν δή ποτέ φημι τεὸν περικαλλέα βωμὸν
νηὶ πολυκλήιδι παρελθέμεν ἐνθάδε ἕρρων,
ἀλλ' ἐπὶ πᾶσι βοῶν δημὸν καὶ μηρί' ἔκηα,   240
ἱέμενος Τροίην εὐτείχεον ἐξαλαπάξαι.
ἀλλά, Ζεῦ, τόδε πέρ μοι ἐπικρήηνον ἐέλδωρ·
αὐτοὺς δή περ ἔασον ὑπεκφυγέειν καὶ ἀλύξαι,
26 μηδ' οὕτω Τρώεσσιν ἔα δάμνασθαι Ἀχαιούς."
  Ὣς φάτο· τὸν δὲ πατὴρ ὀλοφύρατο δακρυχέοντα.   245
νεῦσε δέ οἱ λαὸν σόον ἔμμεναι οὐδ' ἀπολέσθαι.
αὐτίκα δ' αἰετὸν ἧκε τελειότατον πετεηνῶν,
νεβρὸν ἔχοντ' ὀνύχεσσι, τέκος ἐλάφοιο ταχείης.
πὰρ δὲ Διὸς βωμῷ περικαλλέι κάββαλε νεβρόν,
ἔνθα πανομφαίῳ Ζηνὶ ῥέζεσκον Ἀχαιοί.   250
οἱ δ' ὡς οὖν εἴδονθ', ὅτ' ἄρ' ἐκ Διὸς ἤλυθεν ὄρνις,
μᾶλλον ἐπὶ Τρώεσσι θόρον, μνήσαντο δὲ χάρμης.
  Ἔνθ' οὔ τις πρότερος Δαναῶν, πολλῶν περ ἐόντων,
εὔξατο Τυδείδαο πάρος σχέμεν ὠκέας ἵππους
τάφρου τ' ἐξελάσαι καὶ ἐναντίβιον μαχέσασθαι,   255
ἀλλὰ πολὺ πρῶτος Τρώων ἕλεν ἄνδρα κορυστήν,
Φραδμονίδην Ἀγέλαον· ὁ μὲν φύγαδ' ἔτραπεν ἵππους·
τῷ δὲ μεταστρεφθέντι μεταφρένῳ ἐν δόρυ πῆξεν
ὤμων μεσσηγύς, διὰ δὲ στήθεσφιν ἔλασσεν.
ἤριπε δ' ἐξ ὀχέων, ἀράβησε δὲ τεύχε' ἐπ' αὐτῷ.   260
  Τὸν δὲ μετ' Ἀτρεῖδαι Ἀγαμέμνων καὶ Μενέλαος·
τοῖσι δ' ἐπ' Αἴαντες θοῦριν ἐπιειμένοι ἀλκήν·
τοῖσι δ' ἐπ' Ἰδομενεὺς καὶ ὀπάων Ἰδομενῆος
Μηριόνης, ἀτάλαντος Ἐνυαλίῳ ἀνδρειφόντῃ·
τοῖσι δ' ἐπ' Εὐρύπυλος Εὐαίμονος ἀγλαὸς υἱός·   265
Τεῦκρος δ' εἴνατος ἦλθε, παλίντονα τόξα τιταίνων.

---

237 exit ut O 462 | 239 ex ν 382 et I 364 | 240 exit ut γ 9 et al.
|| 241 — Λ 129 | 242 — Λ 455 | 243 cf. Π 451 et μ 216 | 244
— O 376 | 245 — P 648 | 246 cf. Λ 117 | 247 — Ω 315 | 248
cf. M 202 et ν 436 | 251 cf. Σ 440 et υ 242 | 252 — Σ 441 | 253
cf. E 94 | 254 ex Γ 263 | 255 ex O 417 et X 223 | 256 — Δ 457
|| 257 ex Π 657 | 258 — Λ 447 | 259. 260 — E 57. 58. | 261
cf. P 249 | 262 — Σ 157 | 263. 264 — P 258. 250 | 265 —
Λ 575 sq.

27

ἔνθα Διὶ ῥέξαντες ὑπερμενεῖ ἱερὰ καλά,
ταῦρον δ' Ἀλφειῷ, ταῦρον δὲ Ποσειδάωνι,
αὐτὰρ Ἀθηναίῃ γλαυκώπιδι βοῦν ἀγελαίην,
δόρπον ἔπειθ' ἑλόμεσθα κατὰ στρατὸν ἐν τελέεσσιν   730
καὶ κατεκοιμήθημεν ἐν ἔντεσιν οἷσιν ἕκαστος
ἀμφὶ ῥοὰς ποταμοῖο· ἀτὰρ μεγάθυμοι Ἐπειοί
ἀμφίσταντο δὴ ἄστυ διαπραθέειν μεμαῶτες·
ἀλλά σφι προπάροιθε φάνη μέγα ἔργον Ἄρηος·
εὖτε γὰρ ἠέλιος φαέθων ὑπερέσχεθε γαίης,   735
συμφερόμεσθα μάχῃ, Διί τ' εὐχόμενοι καὶ Ἀθήνῃ.
ἀλλ' ὅτε δὴ Πυλίων καὶ Ἐπειῶν ἔπλετο νεῖκος,
πρῶτος ἐγὼ ἕλον ἄνδρα, κόμισσα δὲ μώνυχας ἵππους,
Μούλιον αἰχμητήν· γαμβρὸς δ' ἦν Αὐγείαο,
πρεσβυτάτην δὲ θύγατρ' εἶχε ξανθὴν Ἀγαμήδην,   740
ἣ τόσα φάρμακα ᾔδη, ὅσα τρέφει εὐρεῖα χθών.
τὸν μὲν ἐγὼ προσιόντα βάλον χαλκήρεϊ δουρί,
ἤριπε δ' ἐν κονίῃσιν· ἐγὼ δ' ἐς δίφρον ὀρούσας
στῆν ῥα μετὰ προμάχοισιν. ἀτὰρ μεγάθυμοι Ἐπειοὶ
ἔτρεσαν ἄλλυδις ἄλλος, ἐπεὶ ἴδον ἄνδρα πεσόντα,   745
ἡγεμόν' ἱππήων, ὃς ἀριστεύεσκε μάχεσθαι.
αὐτὰρ ἐγὼν ἐπόρουσα κελαινῇ λαίλαπι ἶσος·
πεντήκοντα δ' ἕλον δίφρους, δύο δ' ἀμφὶς ἕκαστον
φῶτες ὀδὰξ ἕλον οὖδας, ἐμῷ ὑπὸ δουρὶ δαμέντες.   28
καί νύ κεν Ἀκτορίωνε Μολίονε παῖδ' ἀλάπαξα,   750
εἰ μή σφωε πατὴρ εὐρυκρείων Ἐνοσίχθων
ἐκ πολέμου ἐσάωσε, καλύψας ἠέρι πολλῇ.

Ξ 109— 152

Τοῖσι δὲ καὶ μετέειπε βοὴν ἀγαθὸς Διομήδης·
"Ἐγγὺς ἀνήρ — οὐ δηθὰ ματεύσομεν —, αἴ κ' ἐθέλητε   110

Λ 727 cf. B 116 et λ 130 ‖ 728 cf. γ 178 ‖ 729 ex Ψ 769 al.
et κ 410 ‖ 730 = Σ 298 ‖ 731 ex B 355 ‖ 732 cf. O 519 ‖ 733
= ι 532 ‖ 734 ex N 366 ‖ 735 cf. ε 479 ‖ 738 ex Δ 457 et E 236
al. ‖ 739 ex N 428 ‖ 740 cf. N 429 ‖ 741 ex Δ 182 ‖ 742 ex N
615 et E 145 ‖ 743 ex E 76 et Λ 359 ‖ 744 ut 732 ‖ 745 ex Λ
486 et χ 22 ‖ 746 cf. Π 292 ‖ 747 ex M 375 ‖ 748 ex τ 46 ‖ 749
ex T 61 et Π 848 ‖ 751 cf. Λ 102 al. ‖ 752 cf. ε 452. 453 et Γ 381.
    Ξ 109 ex ι 696 ‖ 110 cf. β 40.

πείθεσθαι καὶ μή τι κότῳ ἀγάσησθε ἕκαστος,
οὕνεκα δὴ γενεῆφι νεώτατός εἰμι μεθ' ὑμῖν·
πατρὸς δ' ἐξ ἀγαθοῦ καὶ ἐγὼ γένος εὔχομαι εἶναι
[Τυδέος, ὃν Θήβῃσι χυτὴ κατὰ γαῖα κάλυψεν].
Πορθεῖ γὰρ τρεῖς παῖδες ἀμύμονες ἐξεγένοντο,   115
ᾤκεον δ' ἐν Πλευρῶνι καὶ αἰπεινῇ Καλυδῶνι,
Ἄγριος ἠδὲ Μέλας, τρίτατος δ' ἦν ἱππότα Οἰνεύς,
πατρὸς ἐμοῖο πατήρ· ἀρετῇ δ' ἦν ἔξοχος αὐτῶν.
ἀλλ' ὁ μὲν αὐτόθι μεῖνε· πατὴρ δ' ἐμὸς Ἄργεϊ νάσθη
πλαγχθείς. ὣς γάρ που Ζεὺς ἤθελε καὶ θεοὶ ἄλλοι.   120
Ἀδρήστοιο δ' ἔγημε θυγατρῶν, ναῖε δὲ δῶμα
ἀφνειὸν βιότοιο, ἅλις δέ οἱ ἦσαν ἄρουραι
πυροφόροι, πολλοὶ δὲ φυτῶν ἔσαν ὄρχατοι ἀμφίς,
πολλὰ δέ οἱ πρόβατ' ἔσκε· κέκαστο δὲ πάντας Ἀχαιοὺς
29 ἐγχείῃ· τὰ δὲ μέλλετ' ἀκουέμεν, ὡς ἐτεόν περ·   125
τῷ οὐκ ἄν με γένος γε κακὸν καὶ ἀνάλκιδα φάντες
μῦθον ἀτιμήσαιτε πεφασμένον, ὃν κ' εὖ εἴπω.
δεῦτ' ἴομεν πόλεμόνδε, καὶ οὐτάμενοί περ, ἀνάγκη.
ἔνθα δ' ἔπειτ' αὐτοὶ μὲν ἐχώμεθα δηιοτῆτος
ἐκ βελέων, μή πού τις ἐφ' ἕλκεϊ ἕλκος ἄρηται·   130
ἄλλους δ' ὀτρύνοντες ἐνήσομεν, οἳ τὸ πάρος περ
θυμῷ ἦρα φέροντες ἀφεστᾶσ' οὐδὲ μάχονται."
Ὣς ἔφαθ', οἱ δ' ἄρα τοῦ μάλα μὲν κλύον ἠδ' ἐπίθοντο·
βὰν δ' ἴμεν, ἦρχε δ' ἄρα σφι ἄναξ ἀνδρῶν Ἀγαμέμνων.
Οὐδ' ἀλαοσκοπιὴν εἶχε κλυτὸς Ἐννοσίγαιος,   135
ἀλλὰ μετ' αὐτοὺς ἦλθε παλαιῷ φωτὶ ἐοικώς·
δεξιτερὴν δ' ἕλε χεῖρ' Ἀγαμέμνονος Ἀτρεΐδαο,
καί μιν φωνήσας ἔπεα πτερόεντα προσηύδα·

---

112 ex Φ 439 ‖ 113 cf δ 611 et ξ 204 ‖ 114 ex Ζ 464 ‖ 115 ex
Τ 231 ‖ 116 — Ν 217 ‖ 118 ex τ 180 ‖ 119 cf. λ 356 et δ 174 ‖
120 ex ι 262 et Σ 116 ‖ 121 cf. λ 179 ‖ 122 ex Ζ 14 Ι 376 et Μ
314 ‖ 123 ex Μ 314 η 112 ‖ 124 exit ut δ 344 ‖ 125 ex δ 94 et
Λ 211 ‖ 126 ex Β 260 et 201 [cf. Θ 153] ‖ [127 ex Ι 62 et μ 442
128 plano ad modulum versus Ο 133 (cf. Μ 178) conpositus, cf. ἴμεναι
πόλεμόνδε Τ 32 ‖ 129 initium ut κ 516] ‖ 130 ex Π 122 ‖ 131 ex
μ 293 et Ρ 720 ‖ 132 ex γ 164 et Δ 246 ‖ 133 — Ι 79 ζ 247 al.
134 ex [Ξ 384 et] Λ 172 al. ‖ 135 ex Θ 285 et ε 423 ‖ [136 exit
ut Γ 219] ‖ 137 ex α 121 [cf. Η 108] et Δ 203 al.

"'Ατρείδη, νῦν δή που 'Αχιλλῆος ὁλοὸν κῆρ
γηθεῖ ἐνὶ στήθεσσι, φόνον καὶ φύζαν 'Αχαιῶν   140
δερχομένῳ, ἐπεὶ οὔ οἱ ἔνι φρένες, οὐδ' ἡβαιαί.
ἀλλ' ὁ μὲν ὡς ἀπόλοιτο, θεὸς δέ ἑ σιφλώσειεν.
σοὶ δ' οὔπω μάλα πάγχυ θεοὶ μάκαρες κοτέουσιν·
ἀλλ' ἔτι που Τρώων ἡγήτορες ἠδὲ μέδοντες
εὑρὺ κονίσουσιν πεδίον· σὺ δ' ἐπόψεαι αὑτὸς   · 145
φεύγοντας προτὶ ἄστυ νεῶν ἄπο καὶ κλισιάων."
Ὡς εἰπὼν μέγ' ἄυσεν, ἐπεσσύμενος πεδίοιο.   30
ὅσσον δ' ἐννεάχιλοι ἐπίαχον ἢ δεκάχιλοι
ἀνέρες ἐν πολέμῳ, ἔριδα ξυνάγοντες "Αρηος·
τόσσην ἐκ στήθεσφιν ὄπα κρείων 'Ενοσίχθων   150
ἧκεν, 'Αχαιοῖσιν δὲ μέγα σθένος ἔμβαλ' ἑκάστῳ
καρδίῃ, ἄλληκτον πολεμίζειν ἠδὲ μάχεσθαι.

139 initium ut A 59, exit ut O 605 | 140 cf. N 494 et P 381 ' 141 ex σ 355 | 142 cf. α 47 | 143 cf. ρ 217 et ξ 83 | 144 ex Γ 153 et λ 526 al. | 145 ex N 820 et Ω 601 | 146 — Π 376 | 147 ex Φ 328 et X 26 | 148. 149 — E 860. 861 | 150 ex Γ 221 et N 10 al. | 151. 152 ex B 451. 452.

Quo minor autem numerus genuinorum, eo maior copia vocabulorum ἅπαξ λεγομένων et constructionum ab Homerica ratione discrepantium. Vix ad se redit usquam interpolator, quin aliquid huiusmodi ingerat. Exempla haec congessi:

Ex H

39 οἰόθεν οἶος 41 χαλκοκνήμιδες 45 ἐφήνδανε pro ἐπιήνδανε 64 μελάνει 71 εὔπυργος 97 αἰνόθεν αἰνῶς 262 τμήδην 267 ἐπομφάλιος et περιήχησεν 270 μυλοειδής 302 ἀρθμήσαντε 310 ἀελπτέοντες 332 κυκλήσομεν 340 ἱππηλασίη (ὁδός) 384 ἤπύτα 414 Δαρδανίωνες 433 ἀμφιλύκη (νύξ) 463 ἀμαλδύνηται 466 βουφόνεον 472 οἰνίζοντο 475 ἀνδραπόδεσσι.

Ex Θ

56 ὑσμῖνι 89 ἰωχμός 97 ἐσάκουσε 127 σημάντωρ (ἵππων) 131 σήκασθεν 136 καταπτήτην 178 οὐδενόσωρα 189 ἐγχεράσασα 197 αὐτονυχί 209 ἀπτοεπής 230 κενεαυχέες 250 πανομφαῖος 299 λυσσητήρ 311 παρέσφηλεν 328 ναρ-

κησε 348 ἀμφιπεριστρώφα 361 ἀπερωεύς 402 γυιώσω
405 ἀπαλθήσεσθον 408 ἐνιχλᾶν 447 τετίησθον 488 τρίλ-
λιστος 505 ἄξασθε 508 μέσφα 518 πολιοκρόταφοι 519
θεόδμητος 524 ὑγιής 527 κηρεσσιφόρητος.

Ex Λ

31 509 μεταχλινθείς 601 ἰῶκα 604 ἔκμολεν 629 κιανόπεζα
630 κρόμυον 635 νεμέθοντο 637 ἀμογητί 642 πολυ-
καγκής 649 νεμεσητύς (de persona) 672 βοηλασίη 676
περίτρεσαν 685 ἐλίγαινον 688 δαιτρεύω 694 ὑπερηφα-
νέοντες 713 ἀμφεστρατόωντο 724 ἐπέρρεον 736 συμφέ-
ρομαι 754 σπιδέος (πεδίοιο) 764 μεταχλαύσεσθαι.

Ex M

11 ἀπόρθητος et ἔπλεν. 23 ἡμίθεοι ἄνδρες 26 ἁλίπλοα
30 ἀγάρροος 33 καλλίρροος.

Ex Ξ

18 οὐδ' ἑτέρωσε. 35 πρόκροσσαι 36 συνείργαθον 37
ὀψείοντες 59 ὑπποτέρωθεν 78 ἀβρότη 91 μῦθον διὰ
στόμα ἄγεσθαι 99 ἐπιρρέπω 101 ἀποπαπτανέουσιν [127
πεφασμένον] 142 σιφλώσειεν.

Ab usu reliquorum Homericorum abhorrent haec: II 156
παρήορος 286 ᾗ περ Θ 164 γλήνη 166 τοι δαίμονα δώσω
283 φόως γένηαι πατρὶ 355 ἀνδρὸς ῥιπῇ 511 φεύγειν ὁρ-
μήσωνται Λ 807 θέμις Ξ 20 δαΐζομαι 40 πτῆξε 129
ἐχώμεθα (abstineamus) δηιοτῆτος.

Nonnulla ex his vocabulis redeunt in duobus carminibus, quae parum apte inserta esse nemo nisi praeiudicata
opinione captus neget, Βοιωτίαν dico et Δολώνειαν. Habent
autem haec tam multa cum partibus modo tractatis communia,
ut suspicio sua sponte nascatur, esse eiusdem scriptoris, cui
illas tribuimus. Vide exempla Boeotiae

B 530 = Ξ 124 κέκαστο δὲ πάντας Ἀχαιοὺς ἐγχείῃ
 551 = Θ 404 περιτελλομένους ἐνιαυτούς
 565 = Ξ 117 τρίτατος δ' ἦν
32 617 = Λ 757 πέτρης τ' Ὠλενίης καὶ Ἀλεισίου
 709 = Θ 127 ἵππω δευέσθην σημάντορος
 732 = Λ 833 ἰητροὶ μὲν γὰρ Ποδαλείριος ἠδὲ Μαχάων

746 = Θ 120 υἱὸν ὑπερθύμου Θηβαίου
752 = Μ 33 ἵεν καλλίρροον ὕδωρ
754 cf. Λ 724 ἐπέρρεον ἔθνεα πεζῶν
772 sq. = Η 229 sq.

>   ἀλλ' ὃ μὲν ἐν νήεσσι κορωνίσι ποντοπόροισιν
>   κεῖτ' ἀπομηνίσας Ἀγαμέμνονι ποιμένι λαῶν

784 = Θ 443 τῷ δ' ὑπὸ ποσσὶ μέγας πελεμίζετ' Ὄλυμπος
788 = Η 346 παρὰ Πριάμοιο θύρῃσιν
789 = Π 415 πάντες ὁμηγερέες
809 sq. = Θ 58 sq.

>   πᾶσαι δ' ὠΐγνυντο πύλαι, ἐκ δ' ἔσσυτο λαός,
>   πεζοί θ' ἱππῆές τε, πολὺς δ' ὀρυμαγδὸς ὀρώρει

811 = Λ 711 ἔστι δέ τις Θρυόεσσα πόλις αἰπεῖα κολώνη
845 = Μ 30 ἀγάρροον Ἑλλήσποντον
859 = Θ 143 ἀνὴρ δέ κεν οὔ τι Διὸς νόον εἰρύσσαιτο
863 = Θ 56 μέμασαν δὲ καὶ ὡς ὑσμῖνι μάχεσθαι.

In K porro vide convenientia cum Boeotia et ceteris
libris in suspicionem vocatis

19 = Ξ 54 αὐτὸς παρατεκτήναιτο
118 = Λ 610

>   νῦν οἴω περὶ γούνατ' ἐμὰ στήσεσθαι Ἀχαιοὺς
>   λισσομένοις· χρειὼ γὰρ ἱκάνεται οὐκέτ' ἀνεκτός

139 = Λ 603 φθεγξάμενος παρὰ νηός
171 = Η 231   33

>   ἡμεῖς δ' εἰμὲν τοῖοι, οἳ ἂν σέθεν ἀντιάσαιμεν,
>   καὶ πολέες

191 cf. Η 279 μηκέτι, παῖδε φίλω, πολεμίζετε
199 = Θ 491 ἐν καθαρῷ, ὅθι δὴ νεκύων διεφαίνετο χῶρος
200 = Λ 758 ὅθεν αὖτις ἀπέτραπε λαὸν Ἀθήνη
206 = Β 508 Ἀνθηδόνα τ' ἐσχατόωσαν
228 = Θ 79 οὔτε δύ' Αἴαντες μενέτην, θεράποντες Ἄρηος
240 = Η 107 sqq. idem metus Agamemnonis de fratre
270 = Η 149 δῶκε δ' ... φίλῳ θεράποντι φορῆναι
314 cf. Λ 711 ἔστι δέ τις Θρυόεσσα πόλις
345 = Η 106 εἰ μὴ ἀναΐξαντες ἕλον
348 = Θ 88 φασγάνῳ ἀΐσσων
428 = Β 848 Παίονας ἀγκυλοτόξους

436 = *H* 155

τὸν δὴ μήκιστον καὶ κάρτιστον κτάνον ἄνδρα

515 = *Ξ* 135 οὐδ᾽ ἀλαοσκοπιὴν εἶχε

531 = *Λ* 520

νῆας ἐπὶ γλαφυράς· τῇ γὰρ φίλον ἔπλετο θυμῷ.

Falli videntur qui indicem Troianorum alii scriptori tribuunt, est enim idem imitationis genus utrubique conspicuum; quod autem non tam amplus et accuratus est quam alter, ex minore Troadis et circumiacentium regionum cogni34 tione repetierim. Europaeus enim homo haec concinnavit atque eo quidem tempore, cum iam Ἑλλήνων nomen totam fere Graeciam complecteretur. Reddamus igitur suum ei versum *B* 530 ἐγχείῃ δ᾽ ἐκέκαστο Πανέλληνας καὶ Ἀχαιούς, οἳ Κῦνόν τ᾽ ἐνέμοντο κτέ. ab Aristarcho ἀθετούμενον, quia Ἕλληνας οὐδέποτε εἴρηκεν, ἀλλ᾽ Ἀργείους ἢ Δαναούς, καὶ οὐδὲ Ἑλλάδα τὴν οἰκουμένην ὑπὸ Ἑλλήνων, ἀλλὰ μίαν πόλιν Θεσσαλίας, ἧς τοὺς οἰκήτορας Ἕλληνας λέγει. Cur vero Atheniensem hunc scriptorem habeam, alibi dicetur. Libri et partes particulaeque librorum, quos ei adscripsimus, summam 2444 versuum conficiunt, quibus nescio an debeant addi etiam *N* 345—360 ibid. 685—700 *O* 64—77. Ex his autem libris *K* facillime loco movebatur, unde factum est, ut in nonnullis exemplaribus omitteretur. Restituit Pisistratus. Noli inde quidquam de integritate et unitate Iliadis, quam nunc legimus, concludere. Videtur Ilias ex eo maxime tempore σποράδην cantari esse solita, cum istius diasceuastae opera in tantam amplitudinem crevisset; disiectaque et manca erant eius editionis exempla, cum Pisistratus id consilii cepit, ut interpolatum saltem opus restauraret, quod summum sane beneficium litteratissimi tyranni habendum; quippe alioquin verendum erat, ne in aeternum διεσπασμέναι manerent Ilias et Odyssea.

Ac de Odysseae interpolationibus iam pridem egi in disputatione de diversa Homericorum carminum origine demonstravique incommodissime iniecta esse illa ε 7—20 ι 1—38 λ 333—384, quibus aliqua ex parte G. Hermannus est suffragatus (de iteratis p. 7 = opusc. t. VIII p. 15). Reprehen-

soribus illius libelli[1] haud invitus concedo nonnulla esse ibi
leviter et neglegenter iacta, at omnibus, quae nunc mallem
deleta, pro velitibus tantum usus sum, ad triarios res nondum venit. Manet mihi adhuc inconcussa sententia de illis
interpolationibus, quibus opus non fuisset, si antiquissima
Odyssea tredecim primos libros uno tenore continuatos ha- 35
buisset; quin longius nunc progredior, novamque addo suspicionem de principio libri ν 1—28. Non videtur nox inter-
cessisse a ludis in ϑ ad profectionem Ulixis in ν (quamobrem
etiam ϑ 417 ut η 289 δείλετο pro δύσετο scribendum erit),
siquidem Alcinous se deducendum Ulixem promittit crastino
die curaturum η 318 sq. Inserto autem tam longo carmine
ι—μ metuisse videtur diasceuasta, ne incredibile videretur
haec omnia uno vespere narrari ante solis occasum; itaque
finxit in dialogo λ in multam noctem esse productam narrationem Ulixis, quo tempore iam abiisse oportuit heroem.
Propterea novi doni mentionem inicit rex ν 13, ut aliquid
saltem fiat hoc die, canit etiam Demodocus, inepte sane post
Ulixem et Ulixe coram, bos sacrificatur, Ulixes autem inuti-
liter totum diem retinetur.

Verus scriptor dulcissimi carminis ε—ϑ et ν 28—403,
429—438 induxerit Ulixem sua fata compendiosius quam
in antiquiori carmine narrantem, etsi pluribus quam Demo-
doci refertur πέρσις Ἰλίου et suavius quam ipse heros suae
uxori eadem narrasse perhibetur ψ 310—341. Deinde laeti-
tiam prae se ferre debebant Phaeaces, quod vir tam celebra-
tus ad se venisset. Ea omnia omittere cogebatur, qui vellet
inserere Νόστον in ι—μ.

Quis autem fuit iste artifex centonum? Ni magnopere
fallor, idem ille, cuius tot sunt in Iliade lupina. Vel dictiones nonnullae consentiunt, cf. λ 365 et Β 804, ι 22 et
Β 632. Maxime offendit ε 13 ἀλλ' ὃ μὲν ἐν νήσῳ κεῖται
κρατέρ' ἄλγεα πάσχων, qui et ibi pessime mutatus est ex
divino loco ε 394 sq.

ὡς δ' ὅτ' ἂν ἀσπάσιος βίοτος παίδεσσι φανήῃ
πατρός, ὃς ἐν νούσῳ κεῖται κρατέρ' ἄλγεα πάσχων

---

1 [M. Fuhrio in Iahnii annali 1836 t. XVII p. 407—423.]

36 et in *B* 721 redit. Magis latet origo in tertio loco *B* 771 sq. de Achille ἀλλ' ὃ μὲν ἐν νήεσσι κορωνίσι ποντοπόροισι κεῖτ' ἀπομηνίσας κτλ., repetito eo *H* 229. 230. Nonne hoc eandem fabricam sapit?

Sed tempus est, taedio lectorum occurrere. Unum profiteri in fine liceat: αἴ κέν τίς με καταθνητῶν ἀνθρώπων εἴρηται, quid tandem fiat Homero, si tot versus ei abiudicare coner, respondeam hunc ipsum videri esse Ὅμηρον, cuius opera Ilias et Odyssea, quales nunc legimus, conglutinata est.

BETRACHTUNGEN ÜBER *H Θ I*[1]

---

1 *brouillon auf vier octavblättern, in dem fascikel 'Homer' f.* 19 — 22 *(nach richtiger abfolge* 19. 22. 20 *f.), nach papier und schrift etwa aus dem jahr* 1833.

Die interpolationen im siebenten und achten buch sind
so bedeutend, dass sie wohl bei weitem den grössten theil
des raumes einnehmen und wahrscheinlich ausser einigen
überbleibseln uns die urgestalt der Ilias an dieser stelle
so entzogen haben, wie die neue schrift auf einem per-
gament die alte. Könnte man nur auch hier das neue ab-
waschen und das verlorne wieder gewinnen. — Offenbar
wird der zusammenhang nicht gänzlich unterbrochen: es
war natürlich dass die Griechen, durch den groll des Achilleus in verlegenheit gesetzt, mehr als je auf vertheidigungs-
anstalten denken mussten. Die mauer räth Nestor aufzuführen, welche jedoch den arm des Achilleus nicht ersetzen
kann; Zeus verbietet strenge seinen göttern, ihrer partei zu
hilfe zu kommen: die Griechen, durch seine blitze geschreckt,
sind immer unglücklicher, nur die nacht rettet die schiffe
vor einäscherung. Jetzt haben wir den moment, wo Achilleus sich gerächt sieht, und Agamemnon, so demüthig er
auch bittet, nichts von seiner gesandtschaft hat als gerechte
bestrafung seines übermuthes.

Das sind die fugen, welche auch bei dieser entstellung
noch fortlaufen, aber wie gesagt, gar nicht im verhältniss
zu dem darüber aufgetragenen. Vielleicht war es Athenischer
nationalstolz, welcher den Aias irgendwo im volksepos an-
bringen wollte. Die einleitung zum zweikampf ist unhome-
risch genug, und die erzählung selbst enthält in jedem verse
spuren späterer abfassung. Soll ich angeben, was mir nach
abzug aller fremden zuthat des Homer würdig erscheint, so
wäre dies nur *H* 1—16 (wo wahrscheinlich eine weitere beschreibung der schlacht abgebrochen ist um das duell ein
zu führen: wie könnte sonst Athene über die geringe zahl

von drei erschlagenen so besorgt sein?) Ferner kann für
echt gelten v. 313—343. Nachdem — wenn mich diese vermuthung nicht täuschen sollte — die sache für die Griechen
durch Hektors rückkehr immer bedenklicher wurde, fiel Nestor auf die befestigung des lagers, und theilte seinen gedanken dem fürstenrathe mit. Doch ist es mir fast wahr-
scheinlicher, dass diese stelle nur eine abkürzung ist von
einem frühern stücke, in dem diese handlung mehr ausgemalt
.war, das wegfallen musste, weil es mit dem vorhergehenden
zu enge zusammen hieng, als dass es möglich gewesen wäre
dasselbe bei zu behalten.

Die versammlung der Troer [und die der Griechen] ist
späterer zusatz, was viele beispiele die der stil gibt leicht
erweisen können. Hinreichen mag ein einziges: ἀμφὶ δὲ νε-
κροῖσιν H 408. Hier ist ἀμφί in der bedeutung *quod attinet*
gebraucht, wie es erst im hymnus auf Hermes, der bekannt-
lich der jüngste ist, wieder vorkommt (v. 172), wenn nicht
an dieser stelle jemand lust hat mit mir ϑαασσέμεν ἀμφὶς
τιμῆς· 'ohne ehre' zu lesen.

Im folgenden gesang befremdete es schon manchen auf-
merksamen leser, wie Zeus so lange zögern konnte sein ver-
sprechen der Thetis zu halten und die Griechen in die enge
zu treiben, wozu hauptsächlich die entfernung der griechisch
gesinnten götter vom schauplatze des kampfes nöthig war.
Man darf aber den dichter nicht so pedantisch bei seinem
worte nehmen, wie [W.] Müller gethan, der uns durch eine
frühere abrufung der göttlichen hoheiten manche erhabene
oder lustige scene geraubt hätte, wenn es an ihm gewesen
wäre, diese scheinbar widersprechenden theile auf die seite
zu schieben. Nun liegt es aber auch in der natur der sache,
dass ein heer seines hauptheldeu beraubt, wie das hellenische
seines Achilleus, zuerst alle seine kräfte aufbietet um dem
gegentheil nicht schwächer zu erscheinen als es vorher war.
Die götter scheinen sich von ihm daher noch nicht zurück
gezogen zu haben. Aber bald sind seine kräfte erschöpft, es
weicht und flieht. Nun erst haben Zeus und seine frühern

beschützer ihre hand von ihm abgezogen. Demnach dürfte
wohl der anfang des achten gesangs bis zu v. 27 gerettet
sein. Mit v. 28—40 steht es nicht so gut, v. 41 wird also
am besten nach v. 27 unmittelbar folgen. Weiterhin ist mir
nur v. 108 wegen des ποτὲ anstössig. V. 111 soll nicht εἰ
stehen? V. 131 scheint angeflickt. V. 178 erregt verdacht
durch den ausdruck οὐδενόσωρα, da ὥρη dem Homer fremd
ist; der vers kann übrigens auch wegbleiben, ohne dass der
zusammenhang litte. Die anrede an die pferde (184—197)
enthält zu viel Unhomerisches als dass sie bleiben dürfte.
Eher liesse sich noch die kurze unterredung der Hera und
des Poseidon halten, in deren kürze selbst etwas charakte-
ristisches liegt, doch auch sie ist nicht von allem verdacht
frei, sieh N, O. V. 213—216 sind matt, und hier, wenn
nicht früher schon, sind wir von Homers geist verlassen.
Wie unnatürlich ist es, dass die dringende gefahr keinen
kräftigen entschluss bei den Griechischen helden erregen kann
und Agamemnons geschrei alles thun muss. Doch Zeus
schickt ja seinen adler, dessen beute vor dem altar des Zeus
Panomphaios nieder fällt (v. 250). Dann ist aber das motiv
nicht gehörig angegeben.[1] Ich will nicht davon reden, dass
der Zeus Panomphaios bei Homer sonst nicht genannt ist,
so oft auch die gelegenheit sich zeigt. V. 252 ist μᾶλλον
verkehrt angebracht, wo αὖτις zu erwarten war. V. 253—
260 sind auch schon alle da gewesen. Dem Diomedes rücken
die übrigen fürsten nach, indess was sie nun grosses gethan,
erfahren wir nicht. Nur Teukros wird heraus gehoben. Am
andern tage steht der schwer verwundete wohlbehalten auf
und erscheint in der schlacht. Leicht kommt man also auch
hier auf die idee, dass eine Athenische sage hier aufgenommen ist, oder besser dass den Athenern zu gefallen diese
stelle von Teukros eingefügt ward. Sonderbar ist es auf
jeden fall, dass dieser bogenschütze, der immer wieder nach
jedem schuss sich unter den schild des Aias steckt, so viel
auf sich hat, dass mit seinem abgehn die Troer ihre gegner

---

1 Man beachte zugleich den schnellen wechsel der günstigen und
ungünstigen augurien, die wohl auch ohne beispiel ist. *anm. des verf.*

gleich in die flucht schlagen und an keine vertheidigung
weiter gedacht wird. Dürfte man nicht hier abermals annehmen, die beschreibung eines längern kampfes, der dann
auch diesen für die Griechen traurigen ausgang mehr vorbereitet hätte, sei als unvereinbar mit der interpolation aus-
gefallen und so habe das bessere dem schlechtern weichen
müssen?

Teukros tödtet hier unter andern auch den wagenlenker
des Hektor, der dann seinen bruder Kebriones zu diesem
geschäft bestellt. Ganz kurz vorher hatte Hektor den gleichen verlust erlitten, dieser wird hier mit denselben worten
berichtet (121—125 = 313—317). Dass der schnelle wechsel
der geführten etwas sehr bestürzendes für den troianischen
helden gehabt haben muss, macht dem nachahmer, dessen
spuren wir auch hierin erkennen, keinen scrupel. V. 335—349
haben mehr schein der echtheit. Das folgende gespräch der
beiden göttinnen und ihre heimkehr fällt an mehreren stellen zu sehr ab, als dass es für Homerisch gelten dürfte.
Kann Hera mit allem ihrem zorn dem Zeus (465) nicht mehr
sagen als was sie der Athene geklagt (354)? Auf keinen
fall darf diese erzählung bleiben, wenn v. 28—34 platz be-
hält. V. 381—396 verrathen als lange wiederholung den
fälscher. Die stelle 399—426 ist auch viel zu sehr gedehnt,
und v. 427—431 verstossen gegen den charakter der stolzen
Hera. V. 457—462 ist abermals wiederholung (vgl. *Δ* 20 ff.).
V. 470—483 haben zum theil etwas Hesiodeisches am ende,
theils sind sie zu kurz ausgedrückt und der eingeschobenen
stelle in *O* zu vergleichen. Sehr schwach bricht die episode
ab mit dem schweigen der Hera, und hart ist der übergang
zu der untergehenden sonne (484—8). Besonders diese härte
muss die ungehörige stellung der episode, wäre sie auch
wirklich vom sänger der Iliade hervorgebracht, beweisen.
Obgleich mir nun die versuche an einem stück, an dem so
viel verändert worden, dass fast kein stein auf dem andern
bleibt, nicht sehr nützlich vorkommen, glaube ich doch, dass
dem zerrütteten zusammenhange einiger maassen aufgeholfen
werden könnte, wenn v. 217 von seiner stelle weggenommen
(das folgende ist ja doch wohl nur flickwerk) nach 349

oder schon 348 mit auslassung von 349 gestellt, dann das
zweite hemistich von 486 beibehalten würde mit dem aus 500
genommenen ersten hemistich *εἰ μὴ πρὶν κνέφας ἦλϑεν*:

348 *Ἕκτωρ δ' ἀμφιπεριστρώφα καλλίτριχας ἵππους,*
217 *καί νύ κ' ἐνέπρησεν πυρὶ κηλέῳ νῆας ἴσας.*
500 *εἰ μὴ πρὶν κνέφας ἦλϑεν ἐπὶ ζείδωρον ἄρουραν.* 486

Iu die rede des Hektor ist viel eingeschoben zb. 513—516.
524—529. 535—541.

Das zehnte buch verräth sich als einschiebsel schon
durch die zwecklosigkeit seines inhalts. Odysseus und Diomedes sollen spionieren, und bringen keine kunde zurück,
die zu bekommen sie doch die beste gelegenheit hatten.
Doch der auftrag ist selbst ziemlich einfältig, da die Troianischen wachtfeuer von Agamemnon und den aufgestellten
Griechischen wächtern gesehen werden, auch die Troer gewiss keine lust haben konnten ihren vortheil aufzugeben und
nach der stadt zu ziehen.

Viel auffallendes in der sprache findet sich auch hier,
man sehe nur v. 180. 214. 267. 324. 362. 373. 404. 424.
425. 434. 460. 467. 476. 489. 493. 516. Öfters hatte der
neuere poet die Odyssee vor augen. Wer auch diese rhapsodie für echt hält, mag sich doch wundern, wie Diomedes
auf den Odysseus so grosses vertrauen setzen konnte nach
dem vorfall, der Θ 92 ff. erzählt wird.

V

ÜBER DIE ANWENDBARKEIT

PROSODISCHER BEOBACHTUNGEN

ZU SCHLÜSSEN

ÜBER DIE

ENTSTEHUNG DER HOMERISCHEN EPEN[1]

---

1 *Aus der recension von C. A. Hoffmann's Quaestiones Homericae (Clausthal 1842. 1848) in den Münchner gelehrten anzeigen 1850 n. 63—65.*

Was wird nun von den partien der Homerischen poesie, 515
namentlich der Ilias zu halten sein, wo das digamma ver-
nachlässigt ist? Hier ist sehr zu bedauern, dass die Alexandriner davon gar keine oder eine sehr geringe kenntniss gehabt zu haben scheinen. In den exemplaren, welche sie benutzten, war es verschwunden. Welche vorstellungen sie
sich vom umfang der licenzen, des hiatus, der correption
und production gebildet hatten, ist ebenfalls dunkel geblieben.
Warum lasen zb. N 107 Zenodot und Aristophanes *νῦν δὲ*
ἑκάς, Aristarch aber *νῦν δ' ἕκαϑεν*? Kannten jene das
digamma, warum sollte Aristarch nichts davon wissen? wusste
er etwas davon, warum tilgte er es durch den apostroph?
wollte er den hiatus hier beseitigen, wesshalb liess er ihn
an unzähligen andern stellen stehen? Dies ist nun aber
einer von den vielen fällen, wo man ganz leicht jenem alter-
thümlichen laut sein recht angedeihen lassen kann, indem
man hier zur Zenodoteischen lesart zurückkehrt. Varianten
helfen auch P 54, I 540 (*ἔρρεξεν* für *ἔρδεσκεν*), O 114 (*δὲ*
προσηύδα für *δ' ἔπος ηὔδα*) aus. Anderswo bedarf es keiner
solchen stütze; wer wird sich nach handschriften umsehn,
um *χρυσοῦ καὶ εἴκοσι* statt *χρυσοῖο* A 25, *πᾶσιν δὲ ἀνάσσειν*
für *πάντεσσι δ' ἀνάσσειν* A 288, *λαοῖς τοὶ Ἰλίῳ* für *λαοῖσι*
τοὶ Ἰλ. P 145, *ἐθέλῃ εἰπόντος* für *ἐθέλῃσ' εἰπόντος* Z 281
lesen zu dürfen? Ferner wird es nicht für vermessenheit
gelten, wenn bedeutungslose partikeln und andere wörtchen
ausgemerzt werden, und $Ξ$ 383 *ἐπεὶ ἕσσαντο*, A 101 *ὃ βῆ Ἶσον* 516
(nach Zenodot), $Π$ 169 *ἐν δὲ ἑκάστῃ*, Z 474 *αὐτὰρ ὃ ὅν*,
X 216 *νῶϊ ἔολπα* an die stelle von *ἐπεί ῥ' ἕσσαντο, βῆ*
ῥ' Ἶσον, ἐν δ' ἄρ' ἑκάστη usw. tritt. Solche differenzen
konnten leicht sich einschleichen, war einmal durch erlöschen

des digamma dafür raum geschaffen. Diese und andere gewiss sehr annehmbare correcturen hat Hoffmann in der fünften abhandlung II 76 ff. vorgeschlagen. Freilich entsteht, da die anzahl der nicht so leicht zu emendierenden verse, worin das digamma verletzt [wird, sehr gross] ist, die frage, ob nicht schon in das zeitalter des Homer selbst, und um so mehr in das der Homeriden der schwankende gebrauch des digamma zurückreicht? Glaubt ja der verf. selbst, dass bereits Homer formeln beibehielt, die aus frühern gedichten einer stärker digammierenden zeit herrührten. Wenn man daher die anwendung des lautes da wahrscheinlich finden wird, wo die correctur sich von selbst macht, wird dagegen grosse vorsicht anzuempfehlen sein, wenn dem digamma irgend ein opfer gebracht werden soll. So sträubt sich zb. unser gefühl gegen den vorschlag Ψ 392 ἵππειόν οἱ ἔαξε asyndetisch zu lesen statt ἵππειον δέ οἱ ἦξε, und Ψ 107 möchte καί τε ἕκαστ' ἐπέτελλε gegen den Homerischen sprachgebrauch verstossen; wir würden ferner in X 15 lieber eine schmälerung des digamma bei dem Homeriden zugeben, als dem verf. folgend ändern ἔβλαψας Ἑκάεργε — ἐνθάδε με τρέψας.[1] Ist aber eine solche freiheit dem dichter einmal zugestanden, dann mögen ihm auch die verbleiben, welche sonst nach der norm älterer gesänge nicht geduldet werden dürften, vgl. X 61. 407. 450.

Wie schon bemerkt worden ist, geht der verf. hauptsächlich auf metrische differenzen aus und zieht andere momente nur gelegentlich zu. Da nun aber die spätern epiker in dem grade stärker nachahmen, als ihnen eine grössere masse von gesängen zu gebote stand, ist die folgerung aus der metrischen form ihrer producte misslich. Wir können namentlich alles, was sie entweder *ad verbum* oder doch nur mit geringer abänderung entlehnt haben, gar nicht in rechnung bringen; nur das eigene gilt. Auch da ist nicht zu übersehen, dass sie häufig nach analogien verfahren; anderswo 517 kamen sie freilich auf die ihnen gewohnteren formen zurück, vielleicht ohne es selbst immer gewahr zu werden. So zählt

---

1 [s. Hoffmann ao. 2, 93. 99.]

zb. *H* 371 nicht weil aus *Σ* 299 übertragen; in einem und demselben vers *H* 345 ist *ἀγορὴ γένετ'* aus *Σ* 246 und *ἐν πόλει ἄκρῃ* aus *Z* 317 genommen, darein musste sich nun Ἰλίου wohl oder übel fügen. In *Θ* ist 305 *δέμας ἐικυῖα* aus *ϑ* 194, 131 *κατὰ* Ἴλιον aus *Φ* 295, 446 *αὐτὰρ ὃ ἔγνω ᾗσιν* — aus *A* 333; in 406 rührt *ἂν ᾧ πατρὶ* aus dem ähnlich lautenden *E* 362 *ἂν Διὶ πατρὶ* her. Ebenso ist *K* 540 *οὔπω πᾶν εἴρητο ἔπος* aus *π* 11, *K* 384 und 405 *ἀλλ' ἄγε μοι τόδε εἰπὲ* aus *α* 169, *K* 68 *ἄνδρα ἕκαστον* aus *B* 180 *φῶτα ἕκαστον* herübergenommen; daher konnte sich der poet die erlaubniss, auch andere hiate vor *ἕκαστος* wie 166 und 432 anzubringen, ableiten. Dass ihm *οἱ* nach *οὔ τις* gestellt position macht 129 *οὕτως οὔ τίς οἱ νεμεσήσεται*, ist noch kein beweis, dass er die besondere kraft des digamma in diesem wort kannte, eher abstrahierte er sich eine licenz aus *O* 115 *μὴ νῦν μοι νεμεσήσετ'*; gewiss dachte er 215 *τῶν πάντων οἱ ἕκαστος* nicht daran, in *ἕκαστος* jenen laut zu respecticren. Der verf. will [2, 125] v. 214—217 ausstossen. Doch dies ausmerzen des ungereimten könnte zuletzt der ganzen rhapsodie ein trauriges ende bereiten. Auch in betreff der vorausgehenden verse 211—213 ist H. unschlüssig, und äussert auf derselben seite zwei verschiedene ansichten, zuerst vertheidigt, dann verurtheilt er sie. Von dem wahren stand der sache nimmt er beiläufig notiz s. 127, indem er sagt 'concedo, si aliter statuere non licet, hos hiatus receptos esse posse ex ipsis carminibus Homericis antiquioribus — attamen si potest fieri, patet aliter statuendum esse'. Diese bedingung eben ist es, die rec. durchaus in abrede stellen zu müssen glaubt. In gleicher weise wie 214—217 ist dem verf. [2, 125 f.] *K* 425 anstössig, und er sieht sich veranlasst, 423—431 zu streichen, statt dieselbe hand zu erkennen, von der die aufzählung in *B* 840 ff. herrührt. Ebenso vergeblich ist der obelos in *K* 387—389. Die Doloneia soll zu gleicher zeit mit *Ψ* und zwar in ipsa Graecia verfasst sein. Doch hat der dichter von *Ψ* immer noch viel mehr originalität. Das copieren früherer stücke gibt H. wenigstens in *O* 390—414 zu [2, 136], welche verse mit dem schluss von *Λ* und dem eingang von *M* und *Ξ*, dem schiffs-

katalog uud den büchern *II Θ K* unseres erachtens densel-
618 ben verfasser verrathen. Das τόφρ' ὅ γε .... ἧστό τε ·καὶ
τὸν ἔτερπε λόγοις (O 392) könnte als unvereinbar mit Λ
648. 652 dagegen zu sprechen scheinen, aber einem interpolator darf man schon so viel gedankenlosigkeit zutrauen, wenn
er nicht etwa selbst auf die unachtsamkeit der zuhörer rech-
nete. In der that stimmt auch H. gerade für diese stellen
mit uns überein (nur dass wir dem digamma kein so grosses
gewicht beilegen können), wenn er s. 136 sagt 'sequitur non
solum O 403 recte legi τίς δ' οἶδ', sed etiam, quae in extrema parte libri Λ inveniuntur neglecti digammi vestigia,
ab eodem homine esse effecta, qui hanc in librum O intulit
interpolationem'. Was jenes betrifft, so beweist es gewiss
nichts, wenn Λ 710 μάλα εἰδότε steht, nach analogie des bekannten σάφα εἰδώς, oder 741 φάρμακα ἤδη wie β 16 μυρία
ἤδη, und 745 ἐπεὶ ἴδον wie χ 22 ὅπως ἴδον, und ist auch
706 ἀμφί τε ἄστυ nicht buchstäblich anderswo aufzuzeigen,
so werden ähnliche phrasen immer vorgelegen haben. Also
werden wir Λ 792 und O 403 τίς δ' οἶδ' unangetastet lassen, nicht so II 860, wo τίς οἶδ' ganz an seinem platze ist.
Der dem digamma entfremdete nachahmer ist auch Ξ 151
'Αχαιοῖσιν δὲ μέγα σθένος ἔμβαλ' ἑκάστῳ κτλ. nicht zu verkennen, wo die wiederholung aus B 451 f. in diesem zusammenhang die elision vor ἑκάστῳ nöthig machte: durch die
(2, 105 f.) vorgeschlagene emendation μέγα δὲ σθένος ὦρσεν
ἑκάστῳ würde nur das verfahren des interpolator unkenntlich
werden.· So können wir nicht beistimmen, wenn H 364 und
391 das ἔτ' vor οἴκοθεν wegfallen soll (2, 103). In Θ 526
konnte leichter noch als mit εὔχομ' ἐελπόμενος (2, 85) durch
ἔλπομαι εὐχόμενος geholfen werden, Zenodots lesart, welche
dem verf. unbekannt geblieben zu sein scheint, aber es ist
nicht einmal nöthig.

So wenig als die vernachlässigung des digamma, können andere metrische fehler für sich allein das spätere zeitalter einer Homerischen rhapsodie beweisen. Ueberhaupt
läuft man bei dieser methode gefahr, spätlinge, wenn zufällig
keine licenzen darin vorkommen, zu ächten Homericis zu
machen und umgekehrt gute poesie, in die aber eine ketzerei

gegen den alten usus weiss gott wie gerathen ist, zu unterst
zu setzen, wie es hier dem schluss von $\varDelta$ 457 ff. ergeht, 519
vgl. 2, 121 f. 207. 250. Wäre das günzliche ausbleiben här-
terer productionen ein zureichendes argument für die priorität eines gesangs, dann würde H und K gut fahren. Merkwürdiger weise hat auch I, gewiss jünger als A—Z und
als $\varDelta$ II P, gar keine production einer von natur kurzen
silbe und $\varSigma$ 356—617 wenigstens keine härtere. Die verse
Θ 190 K 129 $\varDelta$ 792 O 403, wo die consonantisch auslau-
tende kurze silbe [in thesis] mit dem folgenden $o\acute{\iota}$ position
macht, müssten nach derselben norm älter sein als Z 90
$\pi\acute{\epsilon}\pi\lambda o\nu$ $\ddot{o}\varsigma$ $o\acute{\iota}$ $\delta o\varkappa\acute{\epsilon}\epsilon\iota$ —, und gleicher zeit wie Z 157, wo
diese position wieder eintritt, angehören. Dürfte aber Z 90
nicht mittelst der kürzeren form $\tilde{o}$ geholfen werden? Das
könnte eher gehen, als wenn Z 289 Hoffmann $\check{\epsilon}\nu\vartheta'$ $\check{\epsilon}\sigma\alpha\nu$ $o\acute{\iota}$
$\pi\acute{\epsilon}\pi\lambda o\iota$ $\pi\alpha\mu\pi o\acute{\iota}\varkappa\iota\lambda\alpha$ $\check{\epsilon}\varrho\gamma\alpha$ $\gamma\upsilon\nu\alpha\iota\varkappa\tilde{\omega}\nu$, wogegen der von ihm
selbst citierte Herodot 2, 116 und Od. o 105 streitet, cor-
rigieren will (2, 105). Vielleicht hilft zu dem ursprünglichen
und, wie Herodot zeigt, frühe verwischten text die angege-
bene parallelstelle aus der Odyssee, wenn wir schreiben:
$\pi\acute{\epsilon}\pi\lambda o\iota$ $\pi\alpha\mu\pi o\acute{\iota}\varkappa\iota\lambda o\iota$, $o\ddot{\upsilon}\varsigma$ $\varkappa\acute{\alpha}\mu o\nu$ $\alpha\dot{\upsilon}\tau\tilde{\eta}$ $\varSigma\iota\delta\acute{o}\nu\iota\alpha\iota$. Ebenfalls
unstatthaft ist die 2, 171 vorgetragene folgerung: wer $\pi\omega$ in
Od. λ 52 und ebend. 113, 161 $\varkappa\alpha\acute{\iota}$ in arsi anbrachte, muss
auch H 433 $\varSigma$ 39—49 $\varPsi$ 7 verfasst haben. Warum gerade
dasselbe individuum? Reicht es nicht hin, solche fehler im
allgemeinen einer spätern zeit zuzuschreiben, wofern nicht
theilweise corruption sie verschuldete? Übrigens muss zwischen einer stellenweisen interpolation älterer lieder und
einer mangelhaften technik neuerer poeten wohl unterschie-
den werden. In dem sinn würde man statt die dichter von
B 813 und $\varDelta$ 237 zu identificieren, dort das $\check{\eta}\tau o\iota$ vor $\check{\alpha}\nu\delta\varrho\epsilon\varsigma$
lieber stehen lassen, hier die lästige production von $\check{\eta}\tau o\iota$
durch die vorstellung $\check{\eta}\tau o\iota$ $\tau\tilde{\omega}\nu$ $\alpha\dot{\upsilon}\tau\tilde{\omega}\nu$ heben. Der verf. ver-
kennt keineswegs das bedenkliche solcher resultate, vgl.
s. 165, wo er bemerkt: 'hoc difficillimum est iudicium, in
quo eo facilius falli possumus, quo magis pendet non ex
singulis productionibus sed ex aliis argumentis, quae, ut est
harum quaestionum ratio, non omnia in promtu sunt'. Gut

ist auch die observation[1], dass gerade in $\varSigma$ 243 ff. H 313 ff.
Θ 489 ff. (von hier an statuiert H. die spätere abfassung
520 des buches Θ) troianische volksversammlungen dargestellt
werden (wir fügen B 786—810 hinzu) dh. an den noch
aus andern gründen verdächtigen stellen. Die folgerung auf
gleichzeitigkeit ist zwar voreilig, $\varSigma$ 243—314 ist für die
übrigen $\dot\alpha\gamma o\varrho\alpha\acute\iota$ das vorbild und 314—355 gehört dem dichter der Patrokleia, nicht dem der Achilleis; aber die drei
andern müssen einem und demselben interpolator zugeschrieben werden, überall zeigt er dasselbe summarische verfahren
und die gleiche geschicklichkeit, mit plagiaten ganze reden
zusammen zu stoppeln. Ferner stimmen wir mit dem verfasser darin nicht überein, dass K und I 1—182 demselben
dichter gehören sollen: I 77 und die erwähnung der wäch-
ter in I 66 wie K 180 reicht nicht hin, diese identität zu
erhärten, da in K recht gut auf I rücksicht genommen werden konnte.

Die vorherrschende beachtung des metrischen hat mehrere male verschuldet, dass dem zusammenhang der epischen
erzählung die nöthige aufmerksamkeit nicht zu theil wurde.
So meint Hoffmann zb. T 35, wo eine harte production
$\dot\alpha\pi\ddot o\varepsilon\iota\pi\grave\omega\nu$ vorkommt, dürfe ohne nachtheil wegbleiben (2,
167). Aber in der damit im voraus bezeichneten rede Achills
tritt doch die $\dot\alpha\pi\acute o\varrho\varrho\eta\sigma\iota\varsigma$ $\mu\acute\eta\nu\iota\delta o\varsigma$ bedeutend hervor und die
aufforderung zum kampf zurück; daher wird man jenen vers
auch nicht missen können, jedenfalls zugestehen müssen, dass
er mit bestimmter absicht vom dichter hier angebracht ist.
Dem stil des dichters der letzten sechs gesänge (Achilleis)
ist auch der schluss von T (399 ff.) so angemessen, dass
er wegen des einen v. 421 nicht gestrichen werden darf[2],
auch trägt H. selbst s. 100 bedenken in T 421 eine um-
stellung vorzunehmen. Ebenso ist es nicht rathsam, den
eingang von Od. ψ abzukürzen (vgl. 2, 167), denn liesse man
29—31 aus oder 8—9, so fehlte den versen 37 ff. die un-
521 entbehrliche rückbeziehung. Desgleichen würde der charakter

---

1 Hoffm. 2, 148 f. 173. 212. 214 f.; über K und I 1 ff. 2, 219.
2 [gegen Hoffmann 2, 167 f. 242.]

des epikers, der in $T \Phi X \Omega$ ausführliche episoden anbringt,
durch abkürzung der rede des Aeneas T 200—258, wovon
nur die dreizehn ersten verse bleiben sollen (vgl. 2, 161 f.),
verläugnet. Anlass geben dazu die starken productionen in
v. 242 und 255; das digamma wird (2, 93) in v. 224 durch
ein asyndeton ἵππῳ εἰσάμενος wieder hergestellt, wir werden
aber lieber auf jenes als auf die partikel verzichten. Harte
verlängerungen finden sich nun auch in den folgenden büchern
Φ 23. 283. 329. 352. 474. 507 X 236. 303. 307, um einstweilen von $\Psi \Omega$ zu schweigen. Man sollte denken, die
ziemlich grosse anzahl solcher fälle müsse die wirkung haben,
dass sie sich gegenseitig stützten. Statt dessen sucht H.
einen vers nach dem andern zu beseitigen oder die partie,
in welcher er vorkommt, zu verdächtigen. Um Φ 283 streichen zu können muss er auch den unschuldigen vers 282
ausstossen. Ist aber 283 ächt, so wird auch 329, wo ἀπο-
έρσειε wiederkehrt, sich behaupten dürfen. Ferner wird Φ 23
ähnlich dem Σ 288 aus der spätern abfassung dieses theils
erklärt, und eine ältere partie 228—384, eine spätere 1—33,
214—227 und eine noch jüngere 34—211 statuiert, die
jene beiden verschmelzen sollte.[1] Nehmen wir dagegen an,
Lykaon sei wirklich nicht nach Troia hin, sondern auf das
dem griechischen lager zugewandte ufer des Skamander ge-
flohen, so bedürfen wir keiner solchen vertheilung der rha- 522
psodie. In X wird die tilgung von 236—7 schwerlich bei-
fall finden, so wenig als die beschneidung der rede Hektors,
woraus H. v. 301—3 streicht (s. 2, 166). Andere ausstel-
lungen sind aesthetischer art: X 46—55 werden der interpolation zugeschrieben[2], aber sie sind von demselben geist
eingegeben, der dem Achilleus die worte Φ 184—199 in den
mund legte. X 100 ff. gehört 'ad recentiorem partem libri
Σ'. Natürlich, es ist derselbe dichter. Eben daraus erklärt
sich die übereinstimmung von Σ 286 mit X 12 ganz befrie-
digend.[3] Aber T 375 ff. denkt sich H. aus X 135 entstanden, als wenn die priorität letzterer stelle erwiesen wäre

1 Hoffm. 2, 162 f. 246 f. (anm.).
2 Hoffm. 2, 248.
3 [gegen Hoffm. 2, 173.]

(2, 241). X 385—390 dürfen nimmermehr wegbleiben, da sich 391 auf keine weise an 384 anschliesst. Doch soll die rede anfangs auf 378—380, 391—394 sich beschränkt haben (2, 249). Überhaupt glaubt H. (2, 167) 'admodum breviter narravisse poetam antiquissimum'. Das ist vielleicht wahr in betreff der Urilias, nicht glaublich aber von vorliegender Achilleis, welche durch alle kürzungen doch in der hauptsache nicht zu verändern ist. Anstatt also eine überarbeitung von Φ und X durch den verfasser von Ψ anzunehmen, werden wir vorziehen, den dichter von Ψ vom angeblich ältern nicht zu unterscheiden. Warum wollten wir nicht zugeben, dass letzterem das digamma von ἰτέαι bereits unbekannt war (Φ 350), so wie Ψ 846 ἡ δέ θ᾽ ἑλισσομένη auf einer ähnlichen unkunde oder ungewohntheit beruhte? So wird es auch Ω 572 rathsamer sein Πηλείδης δ᾽ οἴχοιο stehen zu lassen, als mit H. Πηλ. δὲ δόμοιο zu corrigieren. In Ψ
623 gewahrt übrigens H. die meisten spuren jüngerer abfassung und will dies buch mit manchen theilen des katalogs, mit H K M und Σ 243—355 auf gleiche linie stellen. Darum aber weil Eumelos nur in B und Ψ erscheint, sind die beiden rhapsodien noch nicht als gleichzeitig erwiesen, B kann ja aus Ψ geschöpft haben; wie in Ψ Leonteus und Polypoites aus M 129 f. übertragen sein mögen. Desgleichen beweist das nichts, wenn Asteropaios in B 848 Π 287 ff. mit stillschweigen übergangen wird, aber M 102 P 217 Ψ 560 sein Name vorkommt[1]: muss seiner jedesmal gedacht werden, so oft von Paionen die rede ist? In Ω, vermuthet der verf. (2, 162), soll der theil welcher die eigentlichen λύτρα enthält (468—676), älter sein als was vorhergeht und folgt, weil da keine ärgern productionen vorkommen, wie in 7. 154. 193. 285 (aus o 149). 771. Dabei ist aber 470 und 544 übersehen. Oder gehören diese fälle nicht in dieselbe rubrik, weil die production in die caesura semiseptenaria fällt? Der effect der production in der semiternaria dürfte doch wohl nicht viel härter sein als der in der semiseptenaria.

---

1 [gegen Hoffm. 2, 160. 174 f. 246.]

Hinsichtlich der Patrokleia stimmt ref. gern bei, wenn 2, 227 zwischen *Λ* und *P* eine grosse ähnlichheit entdeckt wird und letzteres für jünger als *Λ* und älter als *Ξ* erklärt, endlich *II* in frühere Zeit als *M* gesetzt wird; vgl. *M* 438 mit *II* 558. Weniger kann man dem verf. folgen, wenn er aus der production vor λίσσομαι in *Φ* 368 sofort schliesst, dass der theil 228—384 älter sei als der eingang von *II*, wo vor λίσσομαι in v. 46 jene verlängerung nicht statt hat (2, 235. 245), und aus der missfälligen cäsur in *P* 719 zu der annahme gelangt, dass der schluss dieses buchs interpoliert sei (2, 237). Besondern anstoss gibt ihm ausserdem die verletzung des digamma in *II* 522 οὐδ' ᾧ παιδὶ und 523 σύ πέρ μοι ἄναξ, daher die ganze erzählung von Glaukos wunde 509—531 wegfallen soll (2, 131 f. 234). Aber das darf nicht befremden, wenn der sterbende Sarpedon die leichte blessur des freundes nicht achtet, wo.er ihn auffordert für seinen leichnam zu kämpfen. Einfacher wird mit οὐ für οὐδ' und με statt μοι geholfen werden können.

Den charakter der teichomachie — so nennen wir der kürze wegen die rhapsodien *M* bis *O* — hat H. gut ge- 524 schildert in den worten 2, 232 'apparet eiusmodi fuisse huius poetae ingenium, quod luxuriaret in describendis rebus minoribus, quas summa cum elegantia exornat, velut initium libri *N* et praeclarissimam illam comparationem *M* 278 et quae leguntur *Ξ* 384—400, at minus aptum fuisse hunc poetam ad efficiendum clarum et concisum narrationis progressum. pertinent eius carmina ad id genus, quod eximia singularum partium, maxime minorum pulchritudine et vi magis lectores delectat, quam aequabili et modesto totius narrationis habitu atque tenore'. Den eingang von *N* nennt er *ineptissimum* (2, 223); nur die absicht, eine glänzende beschreibung anzubringen, konnte den Homeriden bestimmen, dass er den Poseidon von dem Troia so nahen Samothrake erst nach Aegae in Achaia wandern lässt, um dann, nicht einmal bis Troia selbst, die kurze strecke zu wagen zurücklegen zu können. Dasselbe streben nach glänzenden effecten tritt vielmal in den übrigen rhapsodien dieser partie hervor, die daher einiger metrischer besonderheiten halber nicht abzutrennen sind.

Rec. wenigstens glaubt nicht, dass auf das ausbleiben des hiatus in thesi durch das ganze buch *N* hin, während die Fülle *Ξ* 199 und 240, *O* 23 und 146 ziemlich nahe zusammen treten, etwas zu geben sei; eben so wenig möchte er aus dem fehlen des hiatus illicitus in *M* und *O*, wogegen er *N* 22 *Ξ* 182. 285 erscheint, irgend eine folgerung ziehen, oder aus den stellenweise mangelnden, dann wieder hervortretenden härtern productionen *M* 288 (welcher zu vergleichen *Ξ* 320) *Ξ* 492 *O* 275. 478. Das *καί* mit länge im hiatus kann *M* 320 durch die annahme, dass * Ἷς* bisweilen digammiert war (vgl. *ι* 538), gerechtfertigt und *O* 290 durch Gerhards emendation *καί ἐ σάωσεν* berichtigt werden, desgleichen *ἦ τοι* *M* 141, setzt man nur *τείως* für *εἵως*, keinen weitern anstoss geben. Nur für zufall gilt uns ferner, dass wie in *Z* 119—236. 312—529 *H* 1—312, so in *N* keine der eben angeführten härten zum vorschein kommen, und *Ξ* 153 —353 einige hiatus illicitos hat, wie die von H. für ächt gehaltenen theile in *Γ Δ E*. Freilich der verf. baut sich daraus einen bündigen syllogismus auf (2, 224): da *Ξ* 153 —353 mit *Γ Δ E* (in rebus metricis) übereinstimmt, *N* aber mit den ältern stücken in *Z* und *H*, letztere ferner jünger sind als *Γ Δ E*, so wird auch *N* jünger sein als *Ξ* 153—353. Das lautet wie der schluss eines mathematischen beweises, und man müsste sich das resultat gefallen lassen, wäre nur etwas auf die prämissen zu geben. Übrigens werden die stücke *N* 1—38 und *Ξ* 1—152 und 354—522 einem verfasser zugeschrieben. Aber der interpolator in *Ξ* 1—152 ist von der poetischen kraft und fülle, welche die beiden anderen parcellen zeigen, unendlich weit entfernt. Auch zu der abtrennung von *M* 1—429 können wir nicht stimmen. H. will daraus einen beleg gewinnen, dass Leonteus und Polypoites nicht weiter in der teichomachie vorkommen, so wie Sarpedon und Glaukos, als wenn der dichter die verpflichtung hätte, dieselben personen immer wieder auf den schauplatz zu bringen. Mit dem autor von *Ψ* hat der von *M* keine weitere ähnlichkeit als das schon berührte wiederkehren der genannten helden Leonteus und Polypoites (vgl. *Ψ* 836 ff.); es wäre sehr gewagt hieraus eine identität zu folgern. Um Ξ 153—353 mit den ältern theilen von Φ zusammen bringen zu können, wünscht sich H. nur einige hiatus illicitos herbei (2, 245). Also besteht sonst kein charakteristischer unterschied?

Dem eben angeführten syllogismus, wonach $N = Z\,H$, $\Gamma\,\varDelta\,E = \Xi$, widerspricht, wenn wir nicht sehr irren, die bemerkung 2, 206 'recentiores esse (nämlich $\Gamma\,\varDelta\,E$) quam libros $\varDelta\,N$ all. demonstrari videtur iis productionibus, quas ... attulimus, licet duriores eae non sint'. H. durfte dies urtheil nicht stehen lassen, welches auch durch die *conclusio* s. 253 widerlegt ist.

Das ältere lied nun soll in $\Gamma - E$ bestehen aus Γ 1—145, 245—461 $\varDelta$ 1—222 E 1—448. Warum wird dazu nicht auch B 1—484 gerechnet, welcher theil sich metrisch gar nicht unterscheidet? Die teichoskopie fällt als offenbar spätes einschiebsel mit recht weg, nicht so die $\dot{\epsilon}\pi\iota\pi\acute{\omega}\lambda\eta\sigma\iota\varsigma$, in welcher nur weniges, wie die erwähnung des Menestheus mit seinen Athenern von irgend einem Kekropiden einge- 526 schaltet sein mag, das übrige aber keinem verdacht unterliegt. Einzelheiten, wie die harte production in $\varDelta$ 321, die dihaerese im dritten fuss $\varDelta$ 384 können nichts entscheiden. Das übergehen der gewöhnlichen ankündigung vor der folgenden rede in $\varDelta$ 303, wie M 342 (anderer art ist Ψ 855) mag beabsichtigt sein und beweist weder etwas gegen die bezeichneten stellen noch für gleichen verfasser. Über die verurtheilung von $\varDelta$ 457—544 sprachen wir schon oben, hier ist zb. 508 $\dot{\epsilon}\varkappa\varkappa\alpha\tau\iota\delta\dot{\omega}\nu$ nicht schlimmer als $\varDelta$ 294 $\dot{\upsilon}\pi\epsilon\acute{\iota}$-$\xi o\mu\alpha\iota$ und man wird sich in betreff der hier vorkommenden verstösse gegen das digamma bei dem 2, 202 ertheilten trost beruhigen müssen: 'quin pauci versus recentiore tempore in omnes libros vel antiquissimos illati sint, nemo dubitat'. Weit entfernt ist unsere ansicht von der des verf. auch über den schluss von E 449—909. Hier ist E 887 wie $\varDelta$ 321, und die sogenannten harten productionen in 576. 745 fallen auf die hauptcäsur, die semiquinaria. Den ältern theilen von $\Gamma - E$ will er diesen nicht zurechnen, weil der hiatus illicitus fehle (ausser 748, wenn man $\dot{\epsilon}\pi\epsilon\mu\alpha\acute{\iota}\epsilon\tau o$ $\ddot{\iota}\pi\pi o\upsilon\varsigma$ liest). Allerdings hat deren E 1—448 vier, nämlich 90. 118. 181.

310, aber Γ 1—120, 245—461 nur einen v. 46, Δ 1—222 nur zwei v. 75. 158: was ist also auf das eintreten oder ausbleiben dieses merkmals zu geben? Als spätere episode betrachtet rec. nur E 627—699, welche freilich viel geringer ist als die in Z 119—236. Die behauptung aber 'multa in posteriore parte libri E facta esse ad similitudinem libri P' wird wohl umgekehrt richtig sein; der dichter der Patrokleia hat die ältesten bücher A — Z sich sehr zu nutze gemacht. Desgleichen erkennen wir als ableitungen des ältern vom jüngern die von E 720 aus Θ 382, von Z 252 aus Γ 124 der offenbar spätern teichoskopie (2, 212), von O 437 aus 527 Θ 266 (2, 232). Auch O 561—564 ist eher wiederholung als E 529—532. Sicher ist die entlehnung von O 692 aus B 460, O 271 aus Γ 24, O 263 aus Z 506. Die zahl dieser repetitionen kann aber sehr stark vermehrt werden. In I 34 hat sich der dichter auf Δ 365 ff. zurück bezogen: dass aber auch I 77 auf Θ 560 bezug habe (2, 215), wird man nicht erweisen können. H. will I 1—182 abtrennen und einem spätern zuschreiben. Die praemisse, worauf er sich stützt, dass die ἐπιπώλησις neuere dichtung sei, konnten wir oben nicht anerkennen; auch dass Nestor, der sich hier etwas breit macht, zu ende der rhapsodie schweigt, darf niemanden wunder nehmen, er konnte an letzterer stelle nur ein unnützes bedauern ausdrücken. Und soll die rede des Agamemnon 122—157 etwa auch der spätern redaction beizulegen sein, die die älteste in 264—299 wiederholt? Das glaubt selbst der verf. nicht; bloss 134 wird wegen der schlechten cäsur mit interpunction dem interpolator zugeschoben. Damit ist doch wohl die identität auch der vorausgehenden partie eingestanden. Metrische fehler, welche sich zum erweis des jüngern ursprungs verwenden liessen, gibt es hier keine — 'recentioris aetatis non insunt certa vestigia' —, dem ungeachtet wird erklärt: 'patet tamen posse quidem vel hanc partem Iliadis referri ad auctorem libri Ψ ('quasi patriam duriorum productionum' nennt er dies buch s. 175), ad quem retulimus quasdam partes librorum Γ Δ E Z H Θ' (2, 217). Wie wir sahen, geschah das alles ohne zureichende gründe, welche denn auch hier wieder fehlen.

In der *conclusio* s. 253 sind *A P Φ X* einer ültern zeit
als *B Γ Δ E Θ* 1—488 *Ξ* zugewiesen; denn in jenen
kömmt der hiatus illicitus nur einmal vor *P* 392, in diesen aber öfter, während in den übrigen punkten, wie cäsur
und production, keine verschiedenheit angegeben werden
konnte.   528

Merkwürdiger weise hat der verf. auch die hymnen auf
Aphrodite und Demeter in den kreis dieser untersuchungen
gezogen (2, 187 ff.) und er glaubt, die abwesenheit von
positionshärten und hiatus illicitus könne den erstern zum
coaetan von *I* 182 ff. machen. Wo eine vernachlässigung des
digamma stattfindet wie h. an Aphrod. 163 (nach Il. *Σ* 401),
oder die production der enclitica vor dem folgenden vocal
wie 225, wird der vers obelisiert und namentlich 223—246
für eine starke interpolation erklärt. Dass bei Homer Titho-
nos nicht zur cicade zusammenschrumpft, beweist natürlich
. nichts gegen diese stelle, sondern eher könnte man daraus
auf spätere abfassung des hymnus schliessen. In dem an
Demeter ist die zahl der ihres digamma beraubten wörter
nicht gering; demungeachtet soll 414—432 deshalb gestrichen
werden, weil das digamma dort nicht beachtet ist, ausserdem
wegen des 'character Hesiodeus' und weil 'illam raptus narrationem Ceres non desideraverat' (2, 192). Da eine lücke
vorhergeht, wissen wir leider nicht, welche fragen Demeter
an ihre tochter richtete; jedenfalls wäre, wenn H. recht
hätte, das ὡς ἐρεείνεις v. 416 sehr einfältig. Uns scheint·
dieses werk, so viel des schönen es auch enthält, doch einen
zu fremdartigen charakter an sich zu tragen, als dass es
selbst mit Ψ und den damit verglichenen rhapsodien in eine
reihe treten könnte, und wir werden auch hierin bis auf
weiteres den Quaestiones gegenüber ein skeptisches verhalten
beobachten müssen.

REGISTER

I.

Verzeichniss der besprochenen Homerstellen

Odyssee

II.

Zu berichtigen ist s. 8 z. 8: ν 1—28 anstatt ν 1—25.
  s. 26 anm. 2 z. 1 drei anstatt dre
  s. 79: Η Θ Κ anstatt Η Θ Ι.